『法然上人御影（『往生要集』披講の御影）（藤原隆信筆）

『法然上人行状絵図』によれば、後白河法皇が真影を右京権大夫藤原隆信に描かせたものとされている。（知恩院所蔵／便利堂提供）

選擇本願念佛集
南無阿彌陀佛　往生之業念佛為先
道綽禪師立聖道淨土二門而捨聖道正歸淨土之文
安樂集上云問曰一切衆生皆有佛性遠劫以來應
值多佛何因至今仍自輪廻生死不出火宅答曰
依大乘聖教良由不得二種勝法以排生死是以
不出火宅何者為二一謂聖道二謂往生淨土其

『選択本願念仏集』(せんちゃくほんがんねんぶつしゅう) 草稿本(そうこうぼん)

法然は九条兼実の勧めを受けて、浄土の法門をまとめた『選択本願念仏集』を撰述した。当初、法然は信頼できる弟子だけに書写を許し、木版本として世に知られたのは法然没後のことであった。この著作は浄土宗第一の聖典となり、草稿本が京都の廬山寺に所蔵されている。（廬山寺提供／重要文化財）

『阿弥陀経』

「浄土三部経」のひとつに数えられる経典。極楽浄土の荘厳な世界を生き生きと示し、称名念仏をすすめる内容となっている。（京都国立博物館蔵）

賽の河原

死出の旅の途中にあるとされる河原。賽の河原に模される場所は全国各地にあり、千体地蔵が鎮座しているこの栃木県那須町の賽の河原もそのひとつに数えられる。

左下に業火に囲まれた地獄、上部に阿弥陀仏がまします極楽浄土、そして右下に現世であり苦に満ちた娑婆世界が描かれる。極楽と娑婆を隔てる海には、法門をたとえた船が見える。三つの世界をひとつの画面に描くことで、浄土思想の世界観がわかりやすく説かれている。

『地獄極楽図屏風』（金戒光明寺所蔵／重要文化財）

知恩院（ちおんいん）

法然が専修念仏の教えを説いた大谷禅房の故地に建立された浄土宗の総本山。三門（国宝）は木造門としては世界最大を誇る。

金戒光明寺（こんかいこうみょうじ）

「黒谷」とも呼ばれている浄土宗大本山のひとつ。この地にあった石に法然が腰掛けると、紫の雲が立ち上り、それを善導のお告げとして草案を結んだとされる。

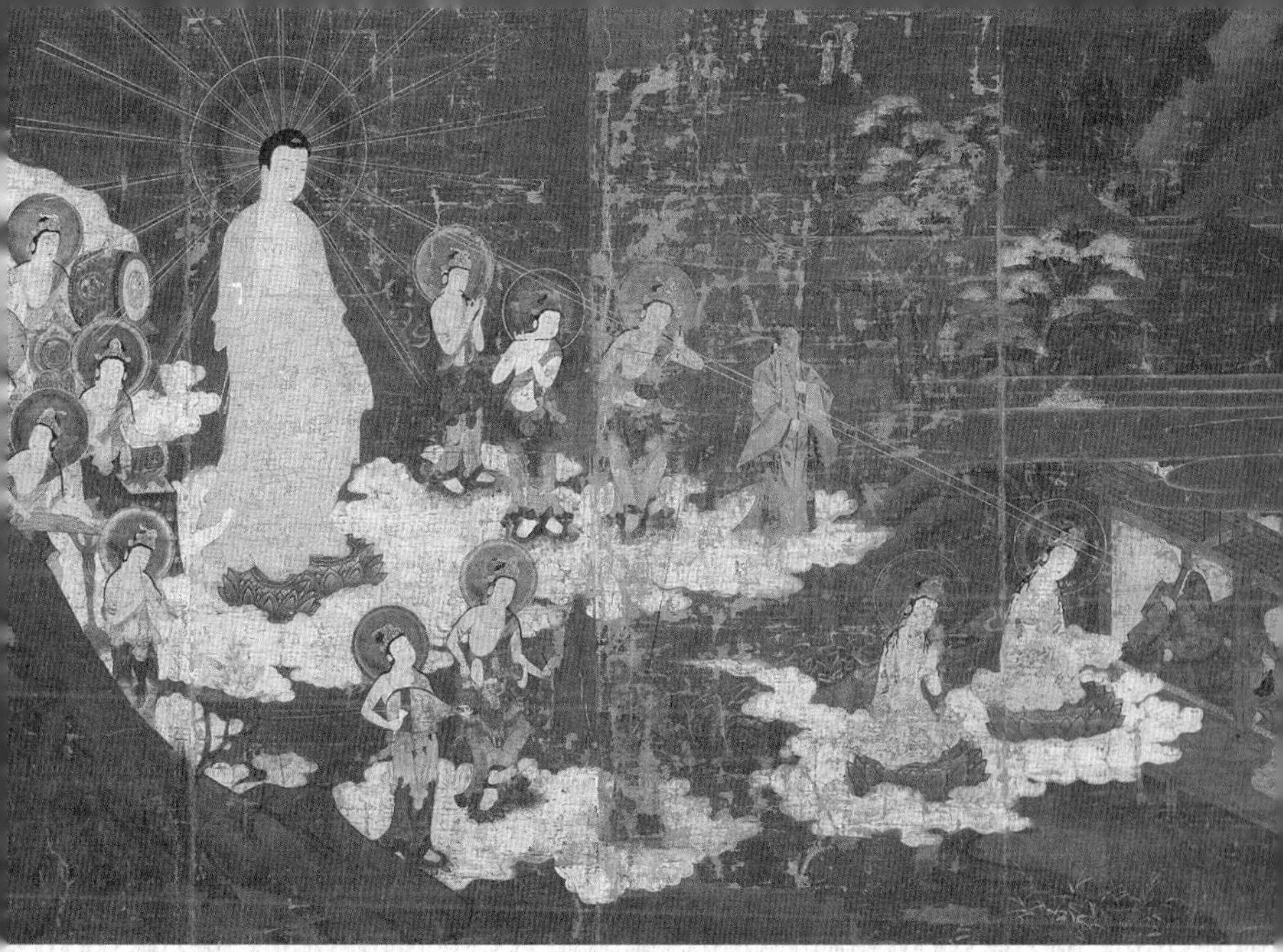

『阿弥陀聖衆来迎図』（あみだしょうじゅらいこうず）

「浄土三部経」では、極楽往生を願い、念仏を称える者には、臨終において阿弥陀仏が来迎し、極楽浄土へ導くと説かれている。（東京国立博物館蔵）

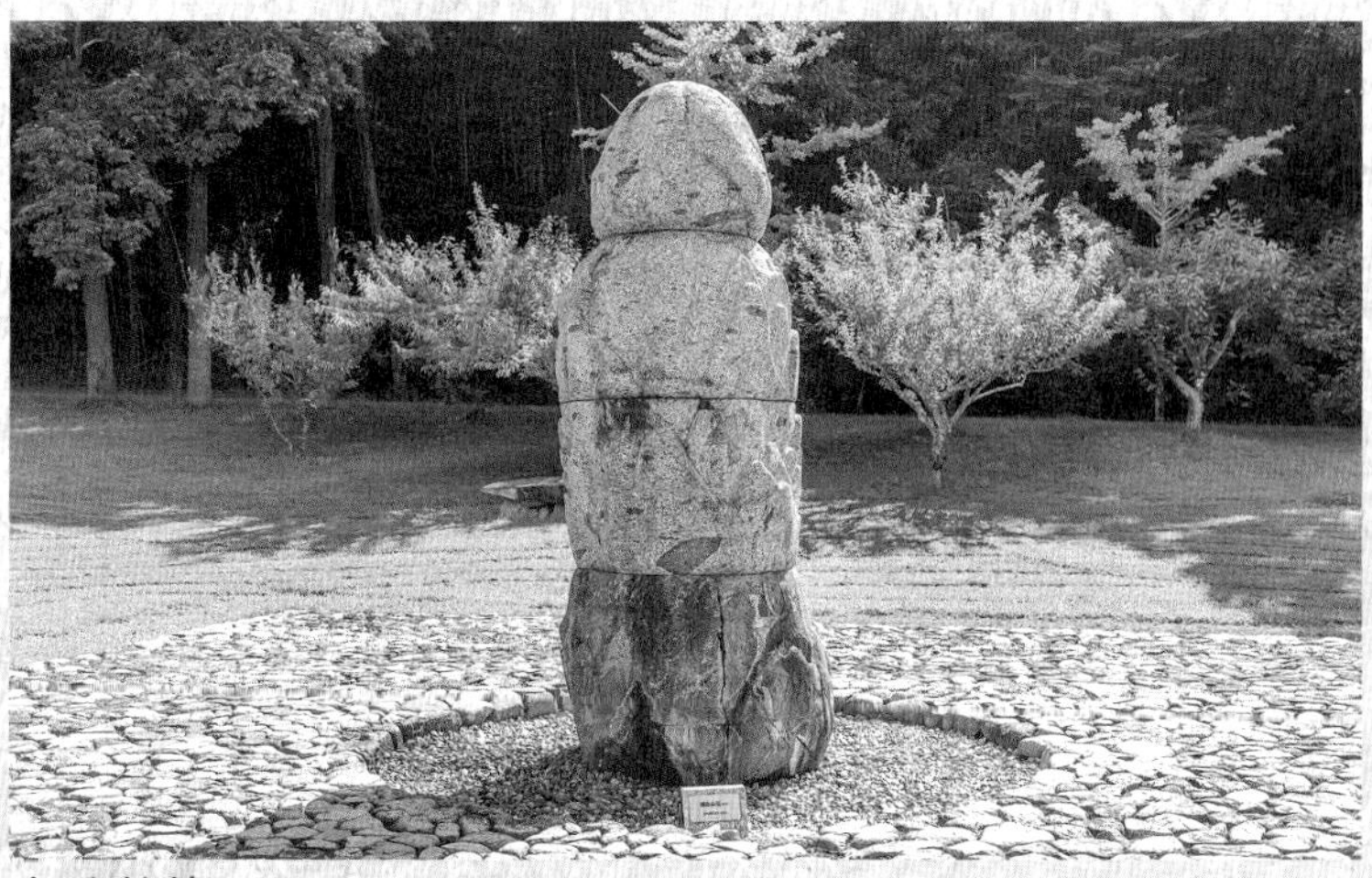

須弥山石（しゅみせんせき）

煩悩ある者が転生を繰り返す六道の世界を空間的に表現したのが須弥山を中心とする世界観である。これは奈良県明日香村で発見された、須弥山をかたどったとされる石造物のレプリカである。

『親鸞聖人像』(しんらんしょうにんぞう)

親鸞は法然の弟子。比叡山などでの修行を経て、法然の門下となり、師の没後『教行信証』を著して浄土真宗の開祖となった。（奈良国立博物館蔵）

図説

ここが知りたかった！

法然と極楽浄土

林田康順［監修］

青春出版社

はじめに

令和六年は、念仏の元祖である法然上人（一一三三～一二一二）が浄土宗を開いてから八五〇年目にあたる。南無阿弥陀仏と称えれば、すべての者が救われる――。法然の教えはそれ以前の仏教界の常識を根底から覆した。

法然は、自身の姿を真摯に見つめた結果、阿弥陀仏の前では、誰しも人は煩悩を断ち尽くせない愚かな凡夫であると主張した。そして、だからこそ阿弥陀仏は、そんな私たちのために、誰もが修められる称名念仏を本願として選択され、その功徳は他のいかなる善行の功徳でさえ足下にも及ばないと宣言した。それは、悟りを開き、智慧の獲得を目指す仏教から、阿弥陀仏の救いにわが身をゆだね、その慈悲にすがる仏教へ、権勢を誇るひと握りの人々の仏教から、すべての人々に開かれた仏教への大転換であった。しかし、同時にそうした法然の主張は、豪壮な伽藍を競って建立し、それを誇っていた一部の特権階級からは、許し難い暴挙であった。だからこそ法然と浄土宗教団は幾多の法難を蒙ることとなる。しかし、その教えの広まりを止めることなど誰にもできはしなかった。

平成二十二年二月、長らく真言宗玉桂寺（滋賀県）に所蔵されていた木造阿弥陀如来三尺立像（国重文）が浄土宗に戻られるというニュースが報じられた。この仏像は、昭和四十九年の調査により、胎内に納入されていた建暦二年十二月二十四日の日付のある造立願文から、知恩院第二世となられた源智が師への報恩謝徳のため、その一周忌を期して慶派の仏師に制作を依頼した仏像であることが判明していた。そればかりか、胎内からは、全国に広がる念仏同志に呼びかけて、仏像造立への協力を仰いだ四万六〇〇〇人もの人々の名前が記された結縁交名帳も発見されていた。今から八〇〇年前、北は東北から南は九州まで、わずか十一か月程の短期間に四万六〇〇〇人もの人々との尊き縁が結ばれたという驚愕の事実こそ、本願念仏の教えの広まりを如実に物語る証左であろう。

本書は、仏教に革命をもたらした法然の生涯と教え、人々が求めた極楽浄土の世界を豊富なイラストや図版を用いて解説した。浄土宗開宗八五〇年という節目の年にあたり、本書を通じひとりでも多くの方々が法然の教えを学び阿弥陀仏の慈悲にふれていただく契機になれば、監修者としてこれに勝る喜びはない。

大正大学教授　林田康順

図説 ここが知りたかった！ 法然と極楽浄土◆目 次

第二章　念仏の広まり　51

第四章　浄土思想と地獄・極楽　115

第五章　極楽往生への道しるべ　141

終章　法然を継ぐ人々　191

カバー写真提供／知恩院、便利堂
本文写真提供／東京国立博物館、京都国立博物館、奈良国立博物館、九州国立博物館、盧山寺、金戒光明寺、西教寺、アドビストック、ピクスタ、ColBase（国立文化財機構所蔵品統合検索システム）
本文デザイン・DTP／ハッシィ

序章

末法の世と法然

末法の世と法然

争乱の時代に現われた極楽浄土への導き手

専修念仏が勃興した時代とは

浄土宗を開いて専修念仏の教えを広めた法然が活躍したのは、平氏が台頭した平安末期から鎌倉幕府成立に至る混乱の時代であった。

法然誕生の前年、一一三二（長承元）年には平清盛の父・平忠盛が、武家としてはじめて御所への昇殿を認められている。それまで武力をもって宮中警護の任に当たり、貴族に仕える僕でしかなかった武士が、これを契機に晴れて政界入りを果たしたのである。それはとりもなおさず武士が担い手となる新時代の幕開けを暗示するものとなった。

やがて源氏・平氏の武家二大勢力のうち、平氏が一一五六（保元元）年と、その三年後に起こった保元・平治の乱で力を知らしめると、平清盛が朝廷の実権を握り、天皇の外戚となって、一一六七（仁安二）年には太政大臣の位にまで昇りつめたのである。

こうして頂点を極めた平氏だが、おごれるものは久しからず。その専横に対する離反者が続出し、ついに後白河法皇が平氏打倒を画策したのを皮切りに、一一八〇（治承四）年には以

全国の民衆を巻き込んだ源平争乱

専修念仏の教えを広めた法然が活躍したのは、平安末期から鎌倉幕府成立に至る混乱の時代にあたる。台頭する武士ばかりか、人々の心のよりどころとなるべき仏教すらも権力闘争に明け暮れていた。

仁王と源頼政が挙兵。こうして幕を開けた源平合戦は、やがて源頼朝を中心にした源氏が一一八五（文治元）年の壇ノ浦の合戦で平氏を滅ぼし、鎌倉幕府を開くに至った。

このように法然が生きた時代は武士が台頭し、武力を伴った権力闘争が繰り広げられる時代の大きな変動期にあった。

仏教の形骸化と権力闘争

その一方、争乱の時代に生きる人々の心のよりどころとなるべき仏教は形骸化していた。しかもあろうことかこちらも権力闘争に明け暮れていたのである。

当時の仏教といえば奈良の南都六宗（律、倶舎、成実、三論、華厳、法相）、平安の天台宗、真言宗の八宗が中心となっていたが、仏教界は権門化し、その指導者層はほぼ貴族階級の出身者で占められている状態であった。その上、真言宗は高野山と京都の東寺に分かれ、また、天台宗は比叡山と園城寺とに別れて各派の内部でも抗争を繰り返すありさま。延暦寺や興福寺などの有力寺院では、下級僧侶が僧兵を組織して私兵軍団を形成し、他宗との武力抗争を行なったり、時には寺の要求を朝廷につきつけて、強訴などの実力行使に出たりした。

それは白河上皇をして、自分の思い通りにならないものとして「鴨川の水（京都の治水）」、

「双六の賽の目」と一緒に「山法師（延暦寺の僧）」と言わしめたほどであった。

こうした情勢に加え、大飢饉や大地震などの天災も相次ぎ、世は混乱の極みにあった。

法然が比叡山を下りて京へと入り、専修念仏の教えを説き始めたのは、平氏の強勢に陰りが見え始めた一一七五（安元元）年のこと。そこで法然が見たのは社会の変動期にあって翻弄された挙句、天災に苦しんで現世の中で行き場を失った庶民の姿であった。とりわけ木曾義仲が一一八三（寿永二）年に入京した際、いまだ飢饉の惨状さめやらず餓死者の腐乱した死体が悪

京を舞台に繰り広げられた山門の争い

788（延暦7）年	最澄、比叡山延暦寺を創建する。
816（弘仁7）年	空海、高野山金剛峯寺を創建する。
937（承平7）年	南都の僧ら、頭を包み兵仗を持ち、維摩会の議論に出席した延暦寺の良源と対峙する。
968（安和元）年	6月、東大寺と興福寺、大和村荘を巡って闘争。興福寺僧徒、神木を奉じて上洛する。興福寺、東大寺と寺田に関して闘争。神木を奉じて上洛する。
1017（寛仁元）年	興福寺僧徒、神木を奉じて上洛し、大極殿へ至る。
1039（長暦3）年	延暦寺僧徒、関白藤原頼通の高陽院に放火する。
1042（長久3）年	延暦寺僧徒、園城寺満円院を焼く。
1074（承保元）年	興福寺僧徒、園城寺を焼く。
1075（承保2）年	延暦寺・園城寺両寺の僧徒、戒壇設立を巡って闘争する。
1081（永保元）年	4月15日、園城寺僧徒、日吉祭を妨害。19日、延暦寺僧徒数千人、園城寺を襲撃し、堂社を焼く。9月13日、園城寺僧徒、延暦寺を襲撃。15日、延暦寺僧徒、再び園城寺を襲撃する。

※出典：『僧兵の歴史―法と鎧をまとった荒法師たち―』日置英剛（戎光祥出版）

臭を放ち、賀茂の河原などでは車馬も通れないありさまであった。

末法の世と極楽浄土

こうした混乱と不安の時代のなかで仏教の思想的潮流となっていたのが、仏法の教えがむなしく滅びていくという末法思想であった。仏教では釈尊の没後、年月を経るに連れ、その正しい教えが忘れ去られ、仏法が滅び、争乱の世が到来するとされていた。

現実社会を省みれば、平安末期の世の中は、政治的混乱に陥り、仏教も権力闘争に明け暮れていた。まさしくこの混乱の世は、末法を現実のものとして体感するには十分だっただろう。法然が登場したのはまさにこうした時代だったのである。

現世に望みをもてない人々はより強く極楽浄土への往生を望み、救いを求めた。しかしそれは厳しい修行を積んで悟りを開いた人々にしか得られないものと考えられており、庶民にはとうてい望むべくもないものであった。

法然は京の町の惨状や苦しむ人々を見るにつけ、彼らの嘆きを自らのものとして、民衆救済の意を強くしたであろう。

そして何とか万人を救済できる道はないかと考え続け、たどり着いたのが専修念仏の教えで

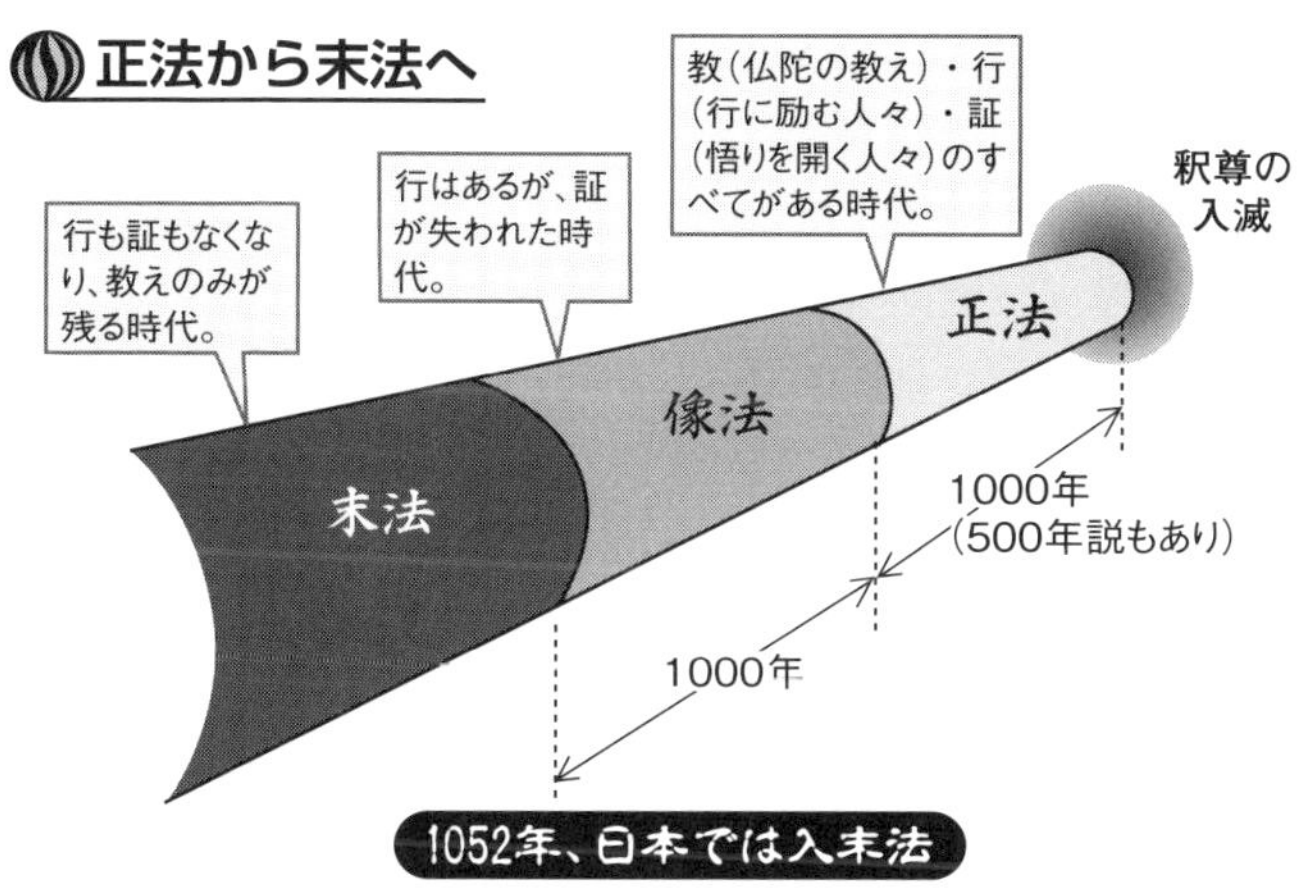

いくつかの経典に説かれた末法思想により、日本では1052年が入末法とされた。当時、日本はたびたび天変地異に見舞われ、飢餓や疫病による死者が続出。さらに争乱が繰り広げられ民衆の不安は頂点に達していた。

あった。これは今までの仏教のような修行は必要ない。ただ一筋に阿弥陀仏を信じて念仏を称えるだけである。

しかも念仏を称えさえすれば、貴族であろうと、武士であろうと、庶民、女性であろうと救われ、阿弥陀仏によって極楽に往生できる。これこそすべての人を救う唯一の救済手段であると法然は考え、人々に専修念仏の教えを広めたのである。

このように法然が専修念仏と邂逅したのは時代背景と無縁ではなかった。法然は念仏の教えを時機相応と説いているが、専修念仏はまさしく時代とそこに生きる人々に要求されて生まれるべくして生み出されたものでもあったのである。

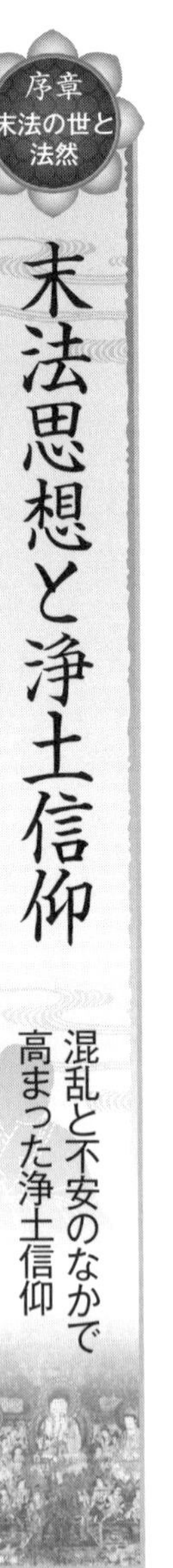

末法思想と浄土信仰

混乱と不安のなかで高まった浄土信仰

人々の希望となった極楽の世界

法然が生きた混乱と不安の時代のなかにあって、貴賤問わず人々を支配していた仏教の思想的潮流が末法思想であった。

仏教では釈尊の滅後、一〇〇〇年間（五〇〇年とも）は教えが正しく受け継がれ、教（仏陀の教え）・行（その教えに基づき行に励む人々）・証（行によって悟りを開く人々）がともに備わる正法の時代、次の一〇〇〇年間は、仏教が形骸化し、教と行が残る像法の時代、以後は形だけの行すら滅び、教のみが残る末法の時代、と大きく三つに分けられていた。そして末法の世になると、天災地変が起こり、戦乱が相次ぐとされていた。

その根底には釈尊在世の時代から時が経つにつれ、解脱が困難になるという仏教者の危機意識があった。仏法自体は変わらなくても、それを受け入れる人間のほうが変化する。それゆえ変化に即して教えを説いていく必要があると考えられていたのである。

日本では一〇五二（永承七）年に末法に入るとされ、厭世観や無常観が人々を覆いつつあ

初期の日本浄土教

空也 (903〜972)	平安中期の天台宗僧侶であり　諸国を巡歴して道路や橋梁の補修造営にあたるなど、奈良時代の行基のような活動を行なった。全国行脚では陸奥などの東国へも足をのばし、民衆の中に身を置きつつ、念仏の浸透に尽力した。
源信 (942〜1017)	大和国を出身とする天台宗の僧侶。9歳で出家して比叡山横川にて良源に師事し、師の思想を発展させて44歳のときに『往生要集』を著わし、日本の浄土教に多大なる影響を与えた。
良忍 (1072〜1132)	融通念仏宗の開祖。比叡山延暦寺に学び、大原に来迎院を創建した。46歳のとき、大原で弟子たちと念仏三昧を行なっていたところ、眼前に阿弥陀如来が現われて、融通念仏の教えを説き開宗に至ったという。

法然登場以前には空也・源信・良忍といった僧が現われて、浄土の教えを広めた。

った。こうした絶望的な社会のなかで、死後の極楽往生を願う浄土信仰が流行した。

法然までの浄土信仰の流れ

浄土信仰は様々な形で現われた。

藤原道長は法成寺を造営し、九体阿弥陀堂を作り、阿弥陀信仰に入っている。また、一〇五二年、道長の息子頼通は宇治の別荘を寺に改め、平等院と名づけた。ここには多くの堂塔が造営されたが、なかでも鳳凰堂は極楽浄土の現出したものとして有名である。

このように藤原氏によって極楽の姿が示されたものの、あくまでこれは苦しみに喘ぐ民衆救済を目的としたものではない。もともと阿弥陀信仰の浄土教の流れは天台宗内部で起こったものだ。それを一〇世紀、民衆に浸透させたのが天台宗の僧侶だった空也である。

六波羅蜜寺の空也上人像は、空也が南無阿弥陀仏の名号を称えるたびに、その口から小さな仏が飛び出してくるのが見えるという不思議な話を具現化したものである。恍惚とした異形が印象的な像だが、実際の空也も鹿革の衣をつけ、首に金鼓を掲げた異様な姿で東国などを行脚し、その鼓を打ちならしながら、民衆とともに念仏を称えたという。

さらに源信は『往生要集』において観想念仏と称名念仏の両義を説き、地獄と極楽のイメージを確立している。

また、称名念仏をあらゆる行に通じる真の救済とする新境地を開いたのは、一一世紀末から一二世紀にかけて活躍し、融通念仏宗の開祖となった良忍である。

こうした先人たちにより浄土信仰の基礎が整えられたが、それを教義として確立し、既存の仏教とは異なる新たな仏教として興したのが法然であった。

法然は浄土真宗や時宗など鎌倉新仏教の潮流を担う先駆者として位置づけられている。鎌倉新仏教は個人の救済を目的とし、念仏や坐禅、題目だけでよいといった修行の簡略化など、一般民衆が帰依しやすい側面を持っていた。このように法然は仏教を民衆レベルに根付かせた立役者となったことも見逃してはならない。

仏教美術の変遷

平安時代後期	平安時代初期～中期	奈良時代	時代区分
阿弥陀如来 極楽浄土の教主であり、浄土教のなかではもっとも重要視される仏尊。「南無阿弥陀仏」と称える者を極楽浄土へと導くという。	**大日如来** 真言密教において中心となる最高位の仏尊。宇宙の真理を神格化した根本仏とされる。仏像では装身具に飾られた姿で表わされる。	**薬師如来** 衆生の病と苦しみを癒す仏尊で、よく左手に薬壺を持った姿で表現される。東方浄瑠璃世界の教主であり、医王如来とも呼ばれる。	広く信仰された仏尊
・法成寺 ・平等院鳳凰堂 ・中尊寺金色堂	・比叡山延暦寺 ・高野山金剛峯寺 ・東寺立体曼荼羅	・薬師寺薬師三尊像 ・興福寺阿修羅像 ・東大寺毘盧遮那仏像	主な寺院・仏教美術
浄土思想 末法思想	真言密教 天台宗	華厳経 金光明経など護国経典	流行思想

奈良時代から平安後期にかけての美術には、仏教における流行思想の変遷が色濃く反映されている。

平等院鳳凰堂内部の見取り図

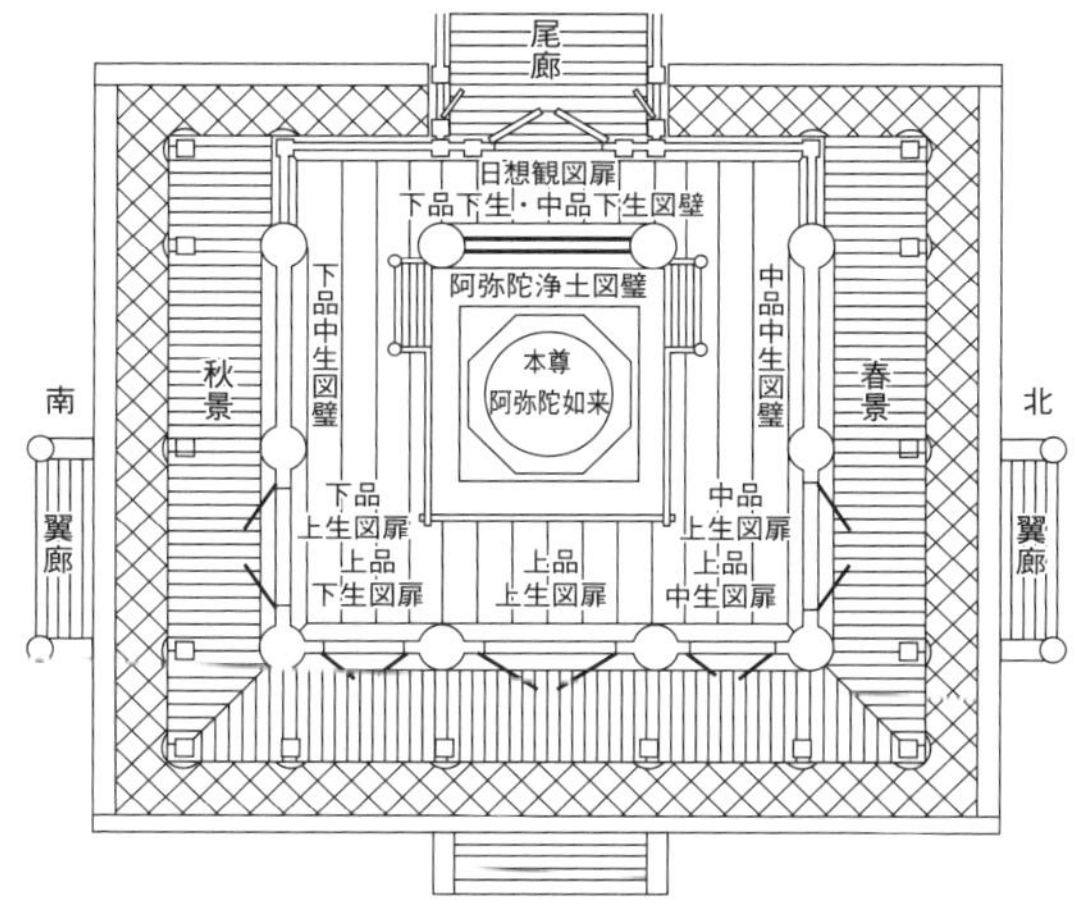

藤原頼通建立の平等院鳳凰堂には、阿弥陀如来を中心とした極楽浄土の空間が表現されている。

こらむ

二十五霊場を巡る①

二十五霊場とは

五五〇回忌を機に創始された法然に出会う二十五の足跡

浄土宗にも「法然上人二十五霊場」と呼ばれる霊場巡拝の札所がある。法然の誕生から入滅までのゆかりの地二十五箇所からなり、岡山・香川・兵庫・大阪・和歌山・奈良・三重・京都の二府六県にわたる。二十五霊場巡拝は一八世紀後半に成立し、その目的は「各霊場で上人にめぐり会い、その源を知り、慈恩に感謝する」ためであった。霊場には法然の歌とされた詠歌がそれぞれ選ばれている。

二十五霊場

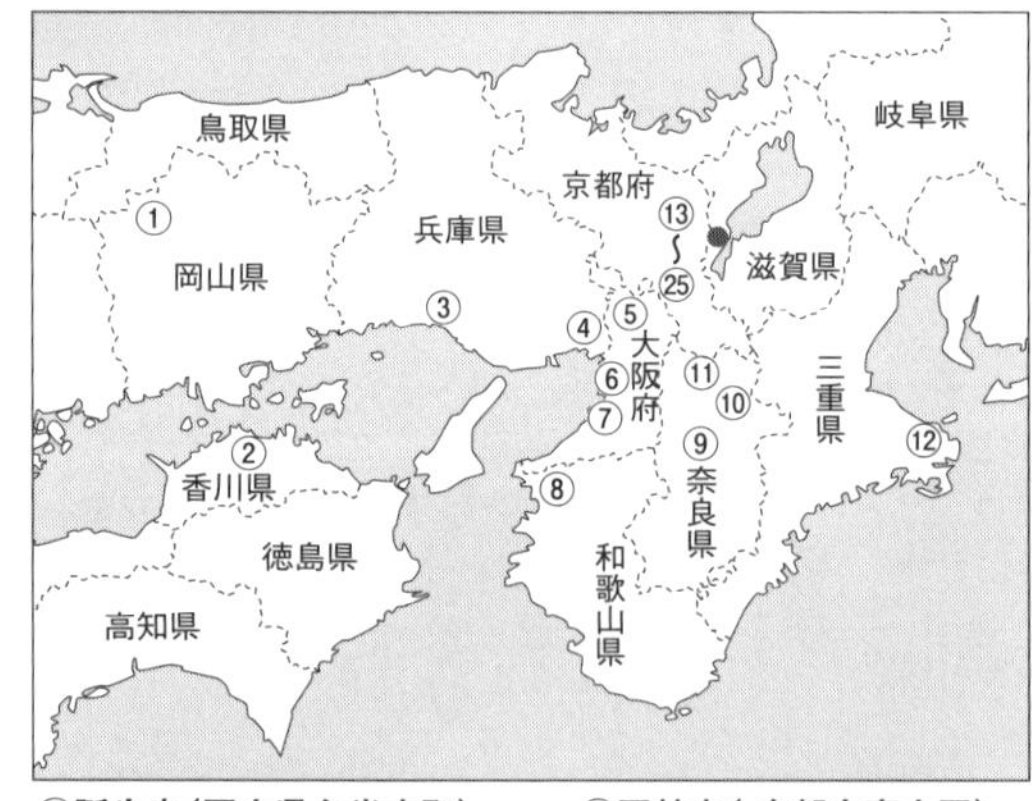

①誕生寺(岡山県久米南町)
②法然寺(香川県高松市)
③十輪寺(兵庫県高砂市)
④如来院遍照寺(兵庫県尼崎市)
⑤勝尾寺二階堂(大阪府箕面市)
⑥四天王寺念仏堂(大阪市天王寺区)
⑦一心寺(大阪市天王寺区)
⑧報恩講寺(和歌山市大川)
⑨当麻寺奥院(奈良県葛城市)
⑩法然寺(奈良県橿原市)
⑪東大寺指図堂(奈良市雑司町)
⑫欣浄寺(三重県伊勢市)
⑬清水寺阿弥陀堂(京都市東山区)
⑭正林寺(京都市東山区)
⑮源空寺(京都市伏見区)
⑯光明寺(京都府長岡京市)
⑰二尊院(京都市右京区)
⑱月輪寺(京都市右京区)
⑲法然寺(京都市右京区)
⑳誓願寺(京都市中京区)
㉑勝林院(京都市左京区)
㉒知恩寺(京都市左京区)
㉓清浄華院(京都市上京区)
㉔金戒光明寺(京都市左京区)
㉕知恩院(京都市東山区)
●番外黒谷青龍寺(比叡山西塔)

万人救済の道

勢至丸

伝説に彩られた法然の誕生

法然生誕を彩る神秘的な伝説

岡山市からJR津山線沿いに北上した山間の盆地・久米郡久米南町にあった美作国稲岡荘。一一三三（長承二）年四月七日、この地の有力豪族に待望の男子が誕生した。くしくも釈迦の誕生日の前日に誕生したこの子こそ、のちの法然である。父はこの地域の治安維持を担当する押領使をつとめた漆間時国、母は秦氏の出と伝えられる。

法然の生誕は、不思議な伝説に彩られている。

夫妻は長い間子宝に恵まれず、揃って岩間観音に通い子宝祈願をしたところ、時国の妻がカミソリを呑む夢を見て身籠ったと伝えられる。カミソリは出家者の頭を剃る道具である。それを呑み込んだという夢を聞いた時国は、「生まれてくるのは男子で、人に戒を授ける僧侶になるだろう」と予言した。

法然が誕生した時国の邸址と伝えられる場所は、現在誕生寺となっている。法然誕生の際には空から二流の白幡が屋敷内の椋の木に舞い降り、七日の後に飛び去ったといわれている。

法然上人産湯の井戸

誕生寺に伝わる法然産湯の井戸。誕生寺は法然の父・漆間時国の邸址といわれ、法然ゆかりの遺物がいくつか伝わっている。

誕生寺には、この椋の木や法然が浸かったといわれる産湯の井戸などが伝わる。

こうして様々な生誕伝説に彩られた男子は、信仰心篤い時国夫妻によって、勢至菩薩のように広い智慧のある子に育ってほしいという願いを込めて「勢至丸」と名付けられた。

法然ゆかりの漆間氏と秦氏

法然の生家・漆間家は、海家、菅家とともに美作の三館公と呼ばれた名家である。美作南部地域に勢力を張っていた有力豪族であったことは、一一三一（天承元）年の「美作国留守所下文」に「散位漆―」の名が見え、一一六二（応保二）年、津山市二宮高野神社の随身像の胎内には大勧進として「漆間尋清」の名が記されていることからもうかがえる。

法然は不幸な出来事によって幼少時に故郷を後にすることになるが、故郷すなわち漆間家との関係は生涯を通じて続いていたようだ。それはのちに法然の弟子の源智が法然の一周忌を期して造立した、阿弥陀如来像の胎内に納入されていた念仏結縁交名中に漆間善哉、漆間弘信などといった漆間氏の人々の名前が記されていることからも知られよう。漆間家は法然を物心ともに支援したのだろう。

また、母が出た秦氏は三～四世紀に弓月君という人物に率いられて、朝鮮から渡来してきた氏族。養蚕機織に優れた才能を持つ氏族で、殖産興業につとめ長岡京および平安京への遷都において経済協力をしたと言われるほど、裕福だったと伝えられる。全国に居住し、ネットワークを整えてもいた。

法然の母の先祖は仁徳天皇の時代、錦織部の長になり、久米郡三保村錦織に居を定めたという。

こうして父方、母方ともに後年、法然の布教活動の後ろ盾となったと思われるが、法然自身が両親をはじめ、父方・母方の家系について語ることはなく、周辺の資料による推測の域を出ないのは否めない。

法然の生誕にまつわる伝承

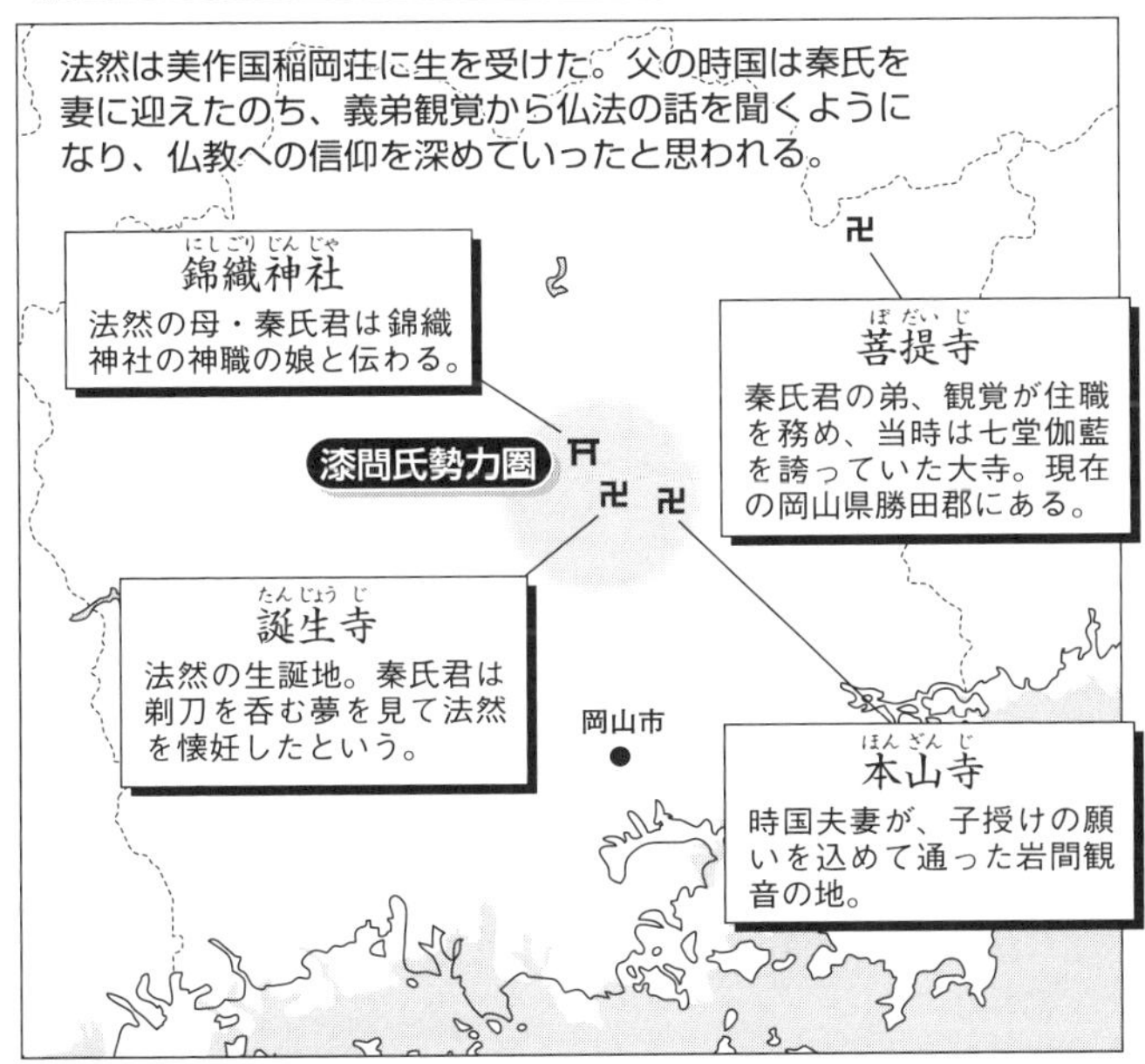

法然は美作国稲岡荘に生を受けた。父の時国は秦氏を妻に迎えたのち、義弟観覚から仏法の話を聞くようになり、仏教への信仰を深めていったと思われる。
錦織神社（にしごりじんじゃ）
法然の母・秦氏君は錦織神社の神職の娘と伝わる。
菩提寺（ぼだいじ）
秦氏君の弟、観覚が住職を務め、当時は七堂伽藍を誇っていた大寺。現在の岡山県勝田郡にある。
漆間氏勢力圏
誕生寺（たんじょうじ）
法然の生誕地。秦氏君は剃刀を呑む夢を見て法然を懐妊したという。
岡山市
本山寺（ほんざんじ）
時国夫妻が、子授けの願いを込めて通った岩間観音の地。

法然周辺系図

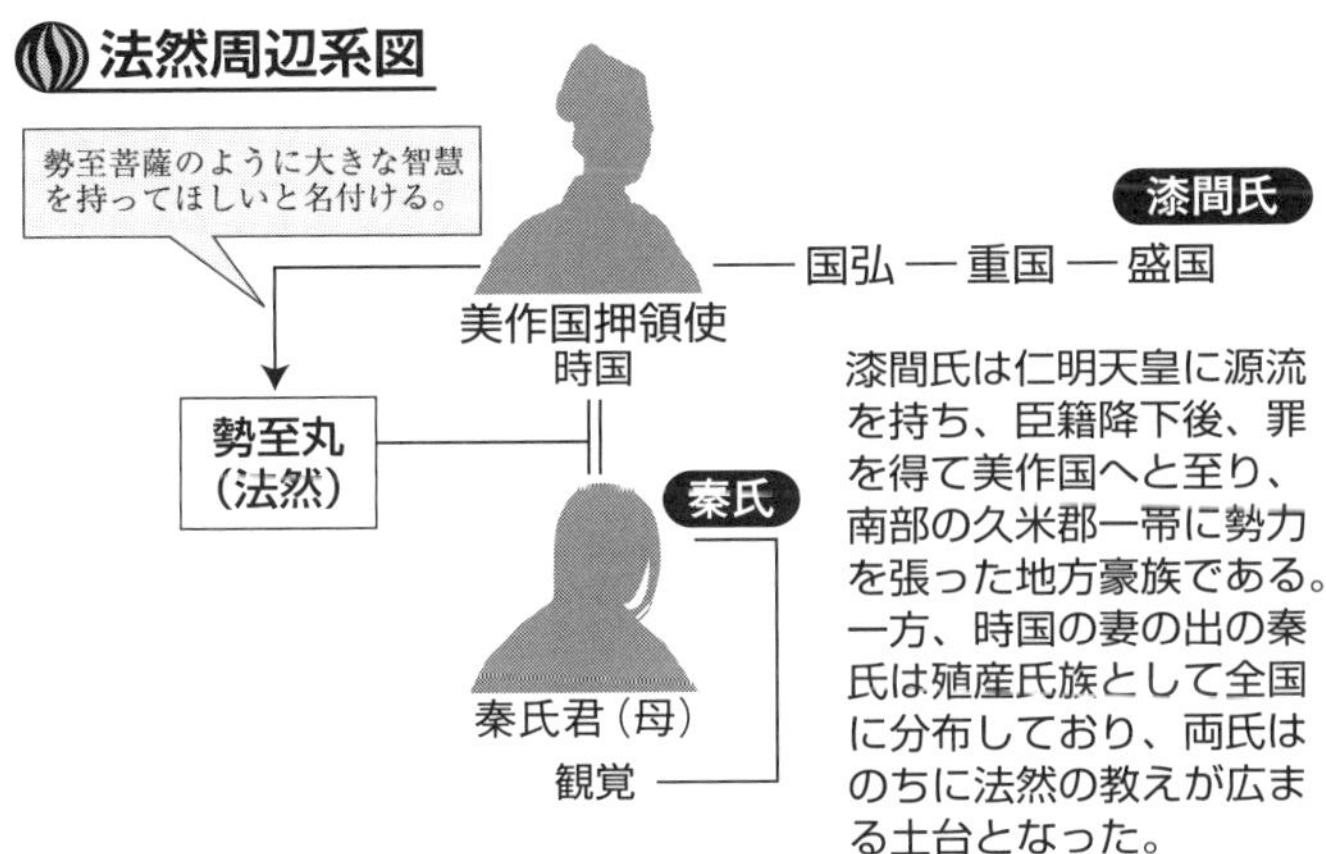

漆間氏は仁明天皇に源流を持ち、臣籍降下後、罪を得て美作国へと至り、南部の久米郡一帯に勢力を張った地方豪族である。一方、時国の妻の出の秦氏は殖産氏族として全国に分布しており、両氏はのちに法然の教えが広まる土台となった。

父の死

復讐を誓う勢至丸を制し、その生涯を決定づけた時国の遺言

押領使と預所の対立

勢至丸は時国のもとで、武士としての躾を受けながら育った。法然の伝記には、「性かしこくして成人のごとし」とあり、時に大人のようにふるまう賢い少年であったことが記されている。そんな勢至丸が九歳になった一一四一（保延七）年の春、悲劇が起きる。父の漆間時国が襲われて命を落としたのである。犯人は堀河天皇の荘園・稲岡荘の預所を務めていた源内武者定明であった。定明の父定国は、朝廷の護衛をする滝口の武士として堀河天皇に仕えていた人物で、天皇の死後、稲岡荘の荘園を管理する預所となって美作に下向。死後、息子の定明がその職を継いでいた。

その定明が時国を襲った理由は定かではないが、『法然上人行状絵図』（四十八巻伝）では、時国が定明を侮ったのを原因としている。じつはこの頃、荘園の拡大に伴い、各地で時国のような押領使と定明のような預所との軋轢が生じていたようだ。押領使が地方の治安維持を担う地方警察であるのに対し、預所は都にいる貴族や寺社が領有する荘園を管理する代理人。荘園拡大をもくろむ預所と地方警察の押領使との間で、領地侵犯などを巡って対立抗争する事件は各地で後を絶たなかった。こうした軋轢のなか、定明が何らかの事情で時国に遺恨を抱き、それが事件へと発展したとみられている。

思いがけない父の遺言

定明の夜襲に対し、邸にあった時国は防戦に努めるも、瀕死の重傷を負ってしまう。このと

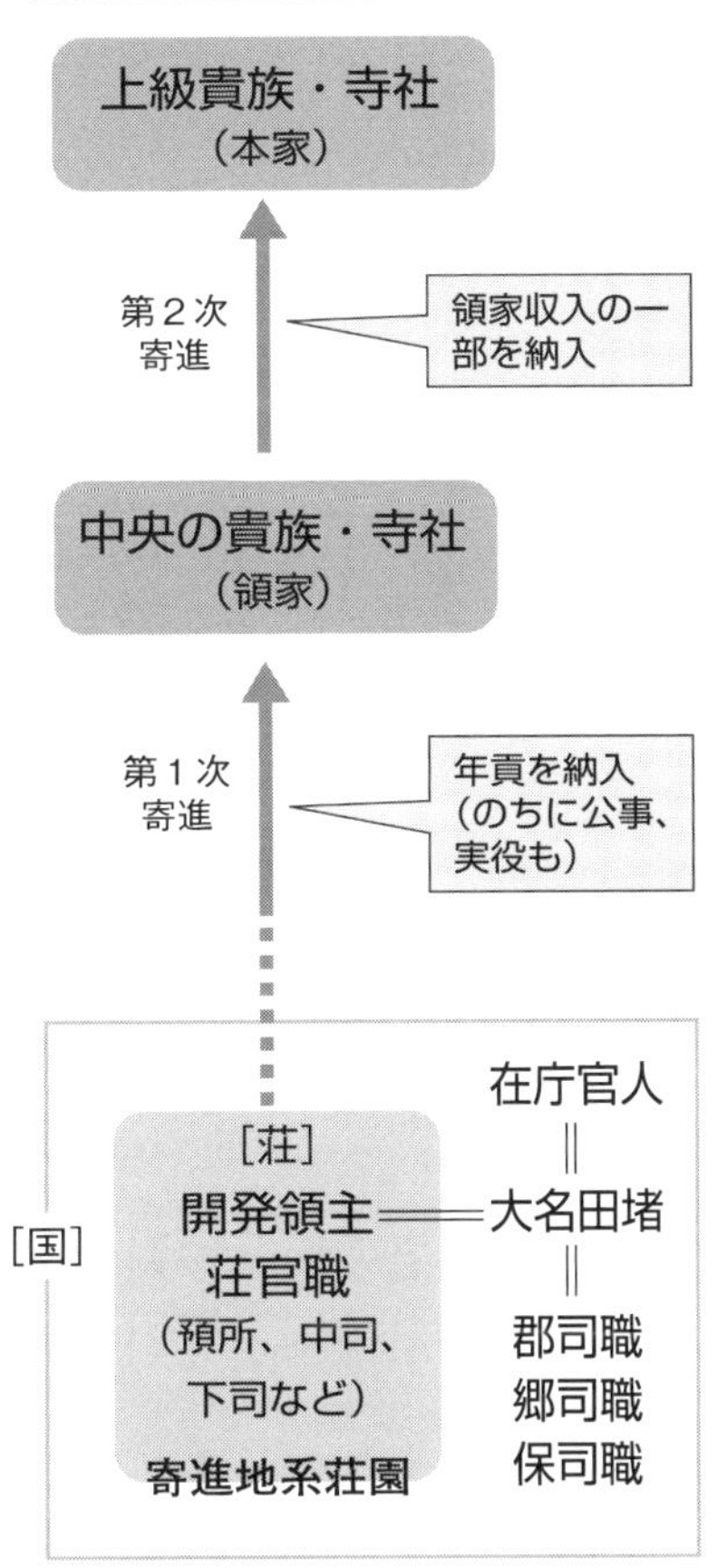

律令国家の時代の税は、国司を通して国家へ納められる形になっていたが、10世紀以降、荘園の開発領主たちは税を納めずに済む特権を得るため、国司より身分が上の大貴族や寺社に土地を寄進して保護を受け、税を納めなくてもよいシステムを作ろうとした。

き勢至丸が物陰から様子を窺っていると、定明が矢を射ようとしているのが見えた。勢至丸は小さな弓矢を手にして定明めがけて矢を放つ。矢は定明の眉間に突き刺さり、傷跡が残った。その傷が目印となって夜襲の下手人と発覚することを恐れた定明は、稲岡荘を出奔し、姿をくらましたという。

こうして定明を撃退した漆間一族であったが、時国は間もなく重態に陥ってしまう。そして九歳の勢至丸を枕元に呼び寄せると、驚くべき遺言を残した。

「私はこの傷で亡くなるだろう。しかし、敵を決して恨んではいけない。これは前世からの因縁である。この因縁を嘆くと、いつの世までも戦い、争いはなくならないだろう。そなたは僧となり、私の菩提をとむらい、安らかな心境に達してほしい」

時国は自分の仇を討つことを禁じ、僧になるように命じたのである。これは武士の子であれば、親の仇を討つのが世の倣いとされた時代にあって、思いもかけない遺言であった。のちに法然は、「父の遺言忘れ難く……」と回想している。

父の遺言は武士の子として生まれ、武士として生きることを定められていた勢至丸の生涯を、大きく転換させる契機となった。なお、この事件に関しては『醍醐本』「別伝記」などには、父時国の死は、勢至丸が出家したのちのことだという異説もある。

漆間時国の死と源内武者定明の出奔

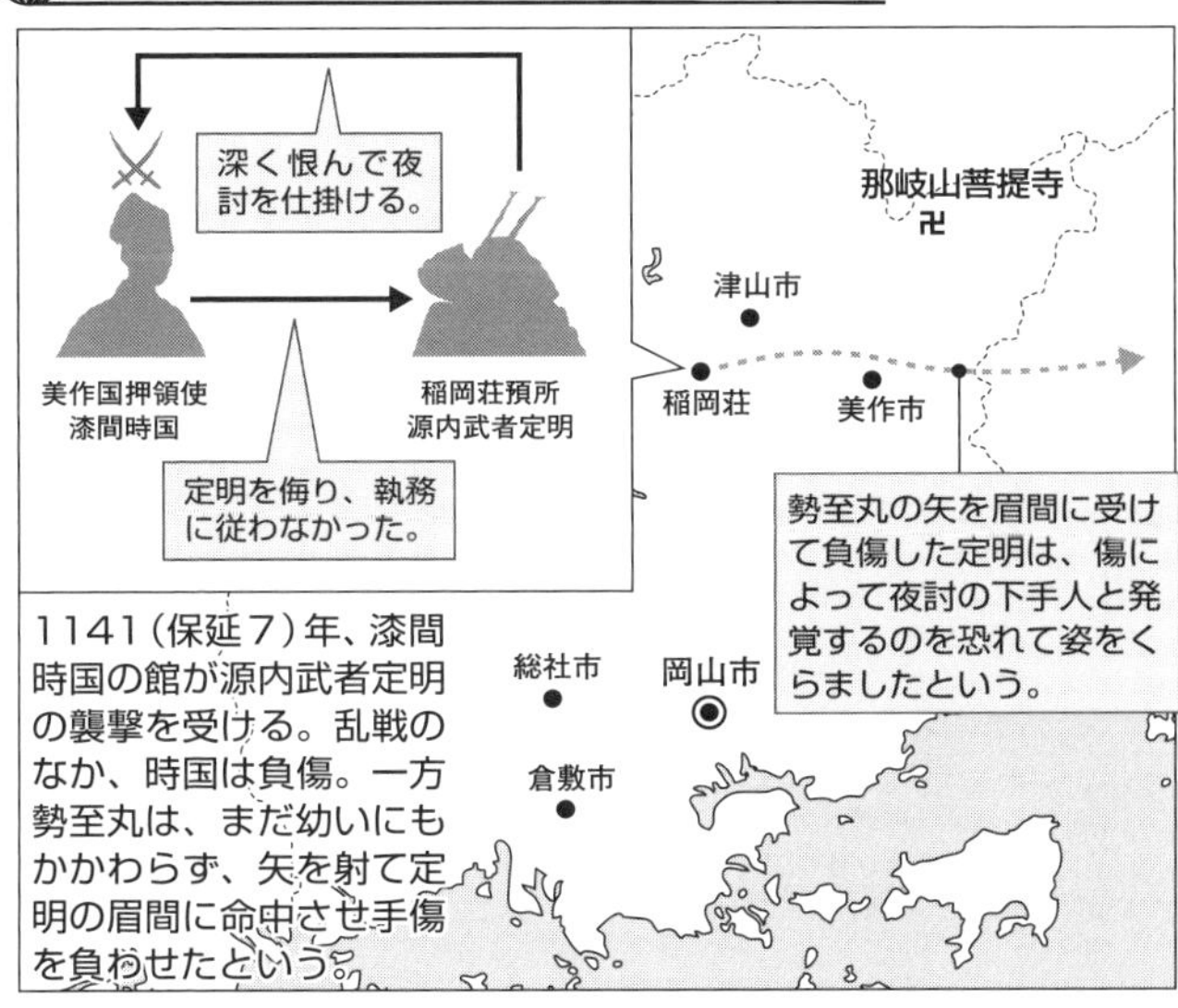

1141（保延7）年、漆間時国の館が源内武者定明の襲撃を受ける。乱戦のなか、時国は負傷。一方勢至丸は、まだ幼いにもかかわらず、矢を射て定明の眉間に命中させ手傷を負わせたという。

滝口の武者

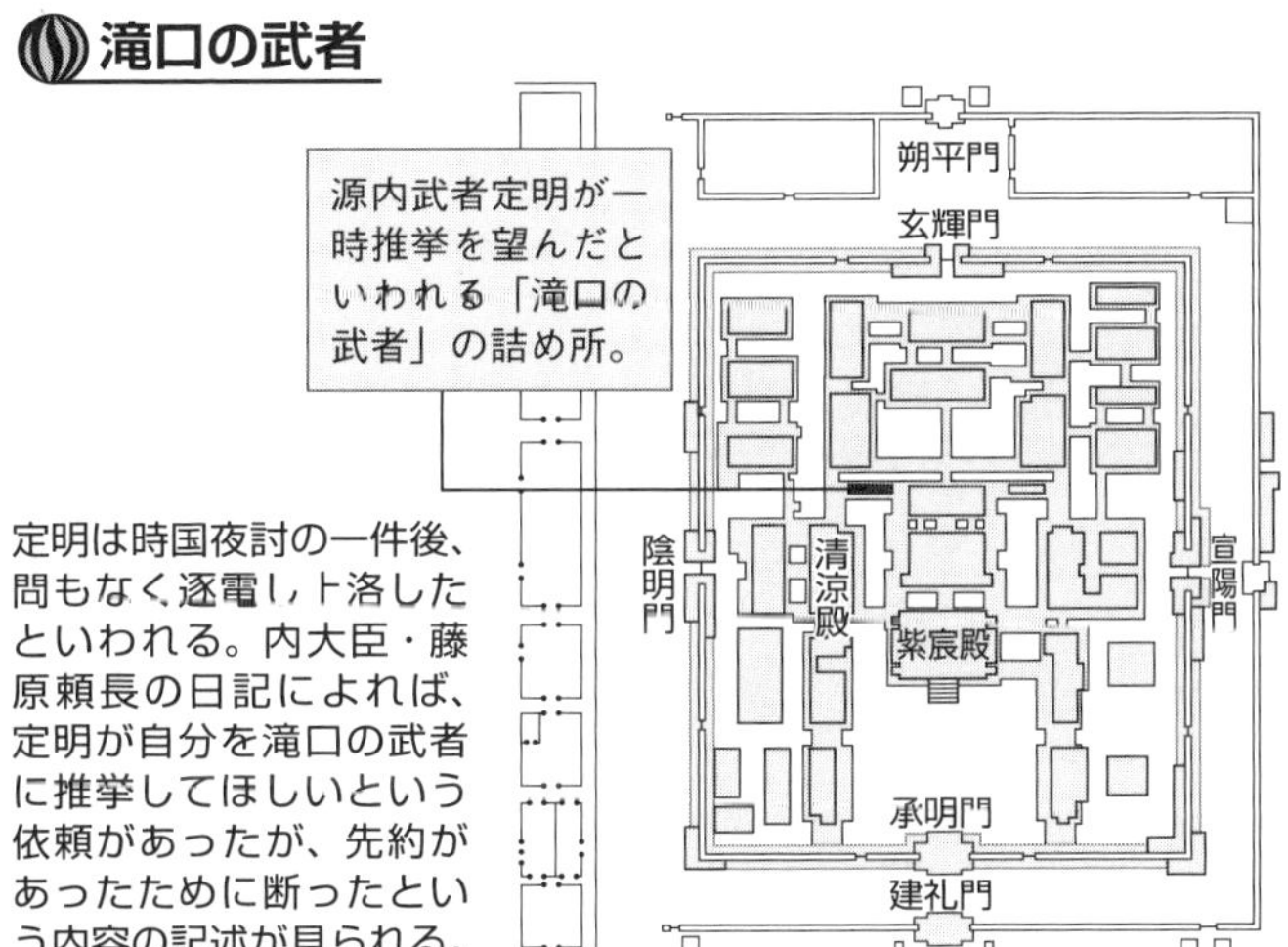

定明は時国夜討の一件後、間もなく逐電し上洛したといわれる。内大臣・藤原頼長の日記によれば、定明が自分を滝口の武者に推挙してほしいという依頼があったが、先約があったために断ったという内容の記述が見られる。

比叡山へ

叔父のもとで頭角を現わした勢至丸が比叡山で見たものとは

母との悲しい別れ

父の死後、勢至丸は稲岡荘から北東四〇キロ離れた山中にある菩提寺の観覚のもとへ預けられる。観覚は母の弟で勢至丸の叔父にあたり、かつては比叡山延暦寺で学んだ経験を持つ僧である。菩提寺は役小角が創建し、行基が再興したという伝承がある寺で、今でこそ僧房の跡などが残るのみだが、当時の菩提寺は七堂伽藍を誇る大寺院でもあった。

そんな菩提寺に勢至丸が入ったのは父の遺言もあったが、勢至丸の仇討ちを恐れる源内武者定明の捜索の手から勢至丸を守る目的もあったとされる。

勢至丸の日常は、勤行や掃除などに従事し、天台宗の教えなどの手ほどきを受けるものだったという。観覚の導きのもと、勢至丸は一を聞いて十を悟り、聞いたことはすぐに覚えて忘れないという非凡な才能をみせる。

勢至丸の才能が美作国で朽ちてしまうことを惜しんだ観覚は、当時の最高学府であった比叡山延暦寺で、仏道修行を積ませてやりたいと考えるようになる。勢至丸にとってもそれは願っ

母との別れ

比叡山へ向かうこととなった勢至丸は、稲岡荘にて母との別れを交わす。現在その場所には「仰叡の碑」という史跡が残されている。

てもない話であった。早速、勢至丸は母に許しを請いに行き、「母上のそばに仕えて孝養を積まねばならないことは承知しています。しかし、私は一日も早く比叡山に登って修行を積み、すべての人が救われる道を見出したいのです。ひとたびの別れを哀しみ、どうか嘆かれませんように」と言葉を尽くして説得した。母にとって、たったひとりの子を遠く手放すのは身を切られるよりよほどつらかっただろう。比叡山行きを承諾しながらも、「かたみとて　はかなき親のとどめてし　この別れさえまたいかにせん」と、夫の忘れ形見のこの子とこのような別れになり、どうすればいいのかという悲嘆に暮れる心のうちを歌に詠んでいる。

そして勢至丸の出立の日がやってきた。誕生寺から少し北の都原（みやこばら）まで見送った母はなお別れがたく、袖に落ちる涙が勢至丸の髪をぬらしてしまうほどであった。その後も母は毎日都原まで来て、比叡山の方向を仰いで、わが子の無事を祈ったという。

この母との別れがのちに法然が説く男女の隔てを問わない平等往生（びょうどうおうじょう）へと繋（つな）がっていくのである。

堕落した仏教界と僧たち

母との涙の別れを交わして比叡山に登った十三歳の勢至丸であったが、そこで見たのは戒律（かいりつ）を忘れて政治に容喙（ようかい）し、堕落（だらく）した僧たちの姿であった。僧の多くは貴族社会で不遇をかこち、出家で活路を見出そうとした元貴族たちで、出家は出世のための手段に成り下がっていた。高位要職も実力ではなく世俗社会の門閥（もんばつ）によって占められていたのである。

そのうえ、寺院は争って荘園をたくわえ、寺領を守るため、僧兵を組織して強訴（ごうそ）などを繰り返し、仏門同士で争っていた。延暦寺の僧兵は山法師（やまほうし）と呼ばれ、園城寺（おんじょうじ）と対立して争いを繰り返していた。道心（どうしん）がなおざりにされ、仏法の破滅に等しい状態。勢至丸は入山早々に現実を思い知らされたのだった。

勢至丸が歩いた比叡山への道

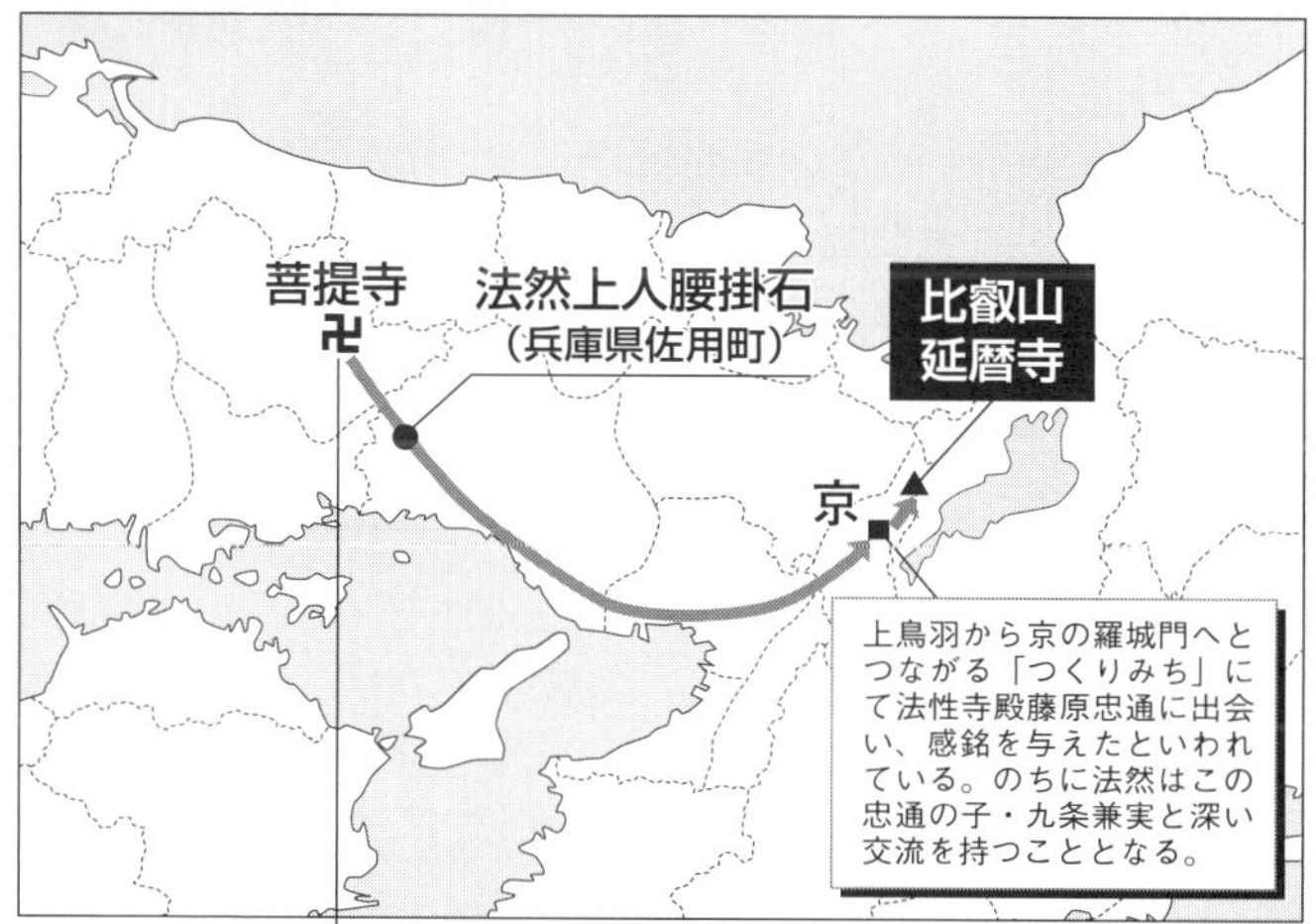

勢至丸が比叡山へと向かった道については、伝承と中世の古道の道筋からおおよその推測ができる。

那岐山菩提寺

父を失った勢至丸が預けられた寺。勢至丸の母の弟であり、勢至丸にとっては叔父にあたる智鏡房観覚得業が院主を務める美作国の学問寺で、当時は七堂伽藍の大寺院であった。こうした場所に移ることは、復讐を恐れて勢至丸を狙うであろう源内武者定明の追及の手を逃れる意味もあった。

出家

ふたりの師のもとで勉学に励みながらも悩みを深める法然

比叡山で出家し源空に

伝教大師最澄によって開かれ、以降弟子の円仁・円珍らの活躍によって大発展を遂げていた比叡山は、東塔・西塔・横川の三地区に分かれ、東西それぞれに五つの谷、横川に六つの谷があり、これを総称して三塔十六谷と呼んでいた。一一四五（天養二）年、比叡山に登った十三歳の勢至丸がまず門を叩いたのは、西塔北谷に住む持宝房源光であった。

源光のもとに差し出された叔父観覚の紹介状には「進上、大聖文殊像一体」と記されていたという。文殊菩薩のような智恵のある勢至丸の弟子入りを願う意味であった。

勢至丸は、当時の風習に倣い喝食と呼ばれる垂髪のまま源光のもとに入門。そこで『四教義』を学んだ。これは六世紀頃、中国隋の智顗が書いたもので、全十二巻。四教とは蔵教、通教、別教、円教のことで天台宗の僧となるための基礎的な学問であった。

勢至丸は、この『四教義』を読みながらただちに古くから学僧たちが議論を重ねてきた難解な箇所に疑問を呈した。勢至丸の優れた資質に気付いた源光は、二年後の一一四七（久安三）年、

比叡山の伽藍と三塔

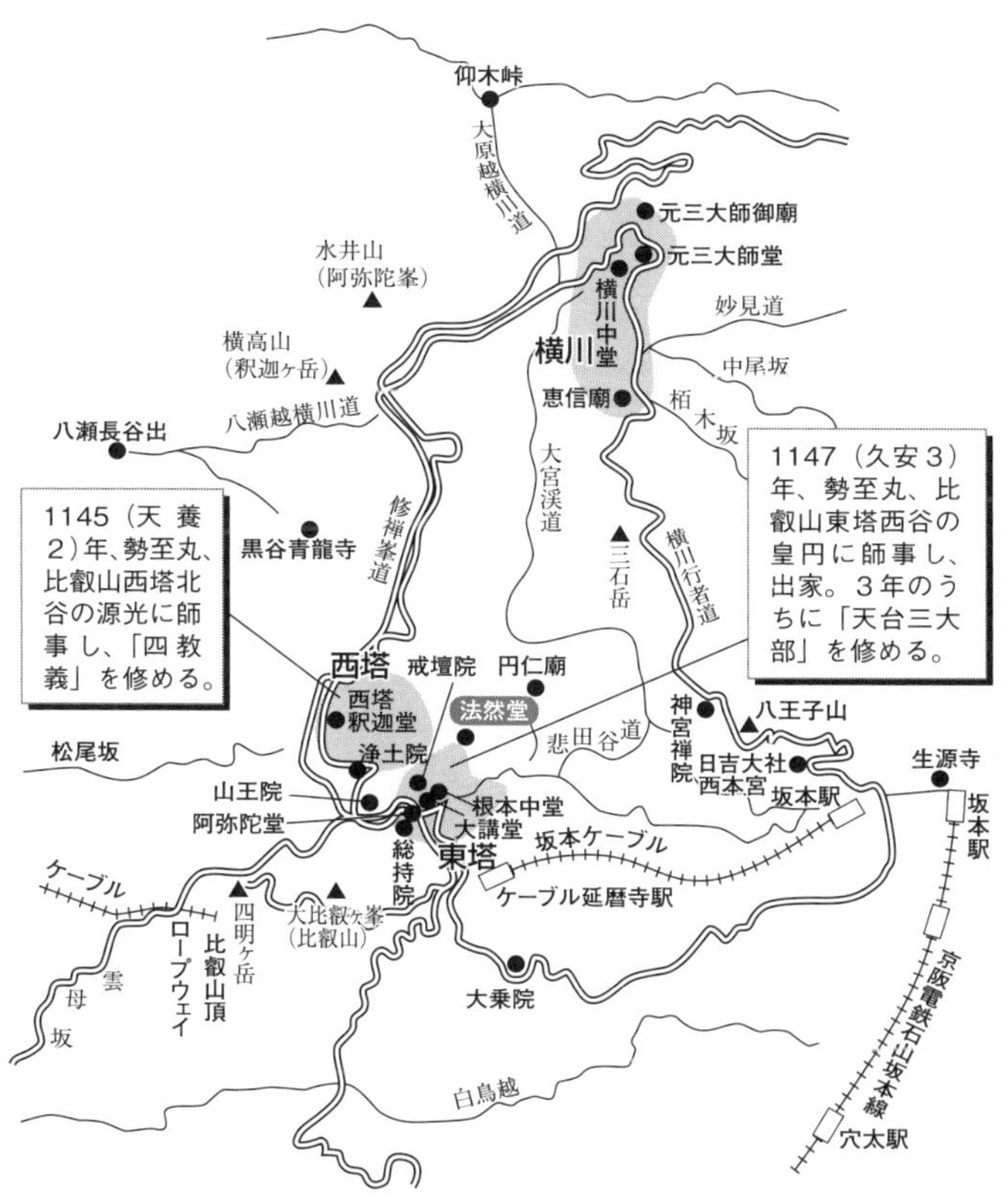

比叡山は平安時代以降、仏教に関する最高学府であり、多くの僧房が形成されていた。東塔・西塔・横川の３地区に分かれており、東塔には東谷･西谷･南谷･北谷･無動寺谷の五谷が、西塔には北谷･東谷･南谷･南尾谷・北尾谷の五谷が、横川には兜率谷・香芳谷・飯室谷・戒心谷・解脱谷・般若谷の六谷があった。これらは「三塔十六谷」と総称されていた。

十五歳になった勢至丸を東塔西谷の碩学として名高い皇円に預ける。

皇円は藤原道長の兄の藤原道兼の五代目で、通史『扶桑略記』の著者である。長兄の少納言資隆が肥後守であったため、肥後阿闍梨と呼ばれていた。

この師のもとで勢至丸は髪を剃り、戒壇院で円頓戒を受けた。すなわち正式に出家したという。そして「心の源は空寂なり」という言葉にもとづいて源空という僧名がつけられたという説がある。

ただし、『四十八巻伝』などには、勢至丸が十八歳になって師事した叡空が、最初の師源光の「源」と叡空の「空」をとって源空と名づけたという説もある。いずれの説か断定しがたいが、僧名がつけられる際には師匠の僧名の一字を継承することが多いことから、ここでは叡空のもとで源空と名付けられたと考えたい。

深まっていく懊悩

法然は皇円のもとで天台教義の根幹となる「天台三大部」の教えを受けた。これはやはり智顗の著した『法華玄義』『法華文句』『摩訶止観』の各一〇巻からなるもので、「心はすべての根本となるゆえ自分の心の本性をよく見極めなければならない」という天台宗の教えの根本を

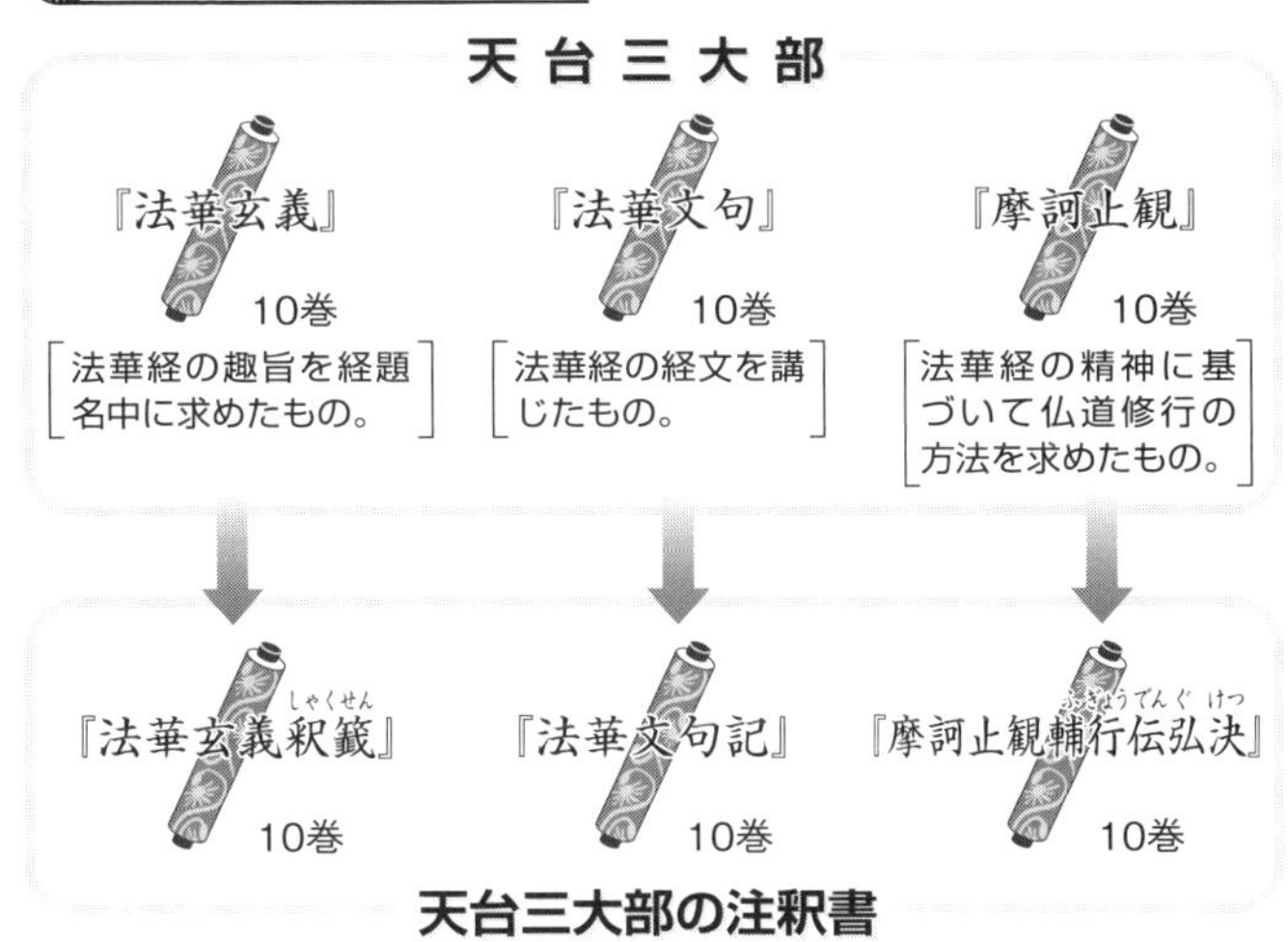

記したものだ。こうした学問を習得するには一生かかるものだが、法然は「天台三大部」とその注釈書三〇巻の計六〇巻を、わずか三年で読破し、内容をひと通り修得してしまったという。皇円は法然の俊才ぶりに目を見張り、学業に精進してやがては天台座主になるようにと励ましたと伝えられる。

法然は師の励ましを受けて精進するが、修行が進むにつれある深い懊悩に襲われ始めた。父の遺言を守り、自他平等に救われる道を求めて修行に打ち込んでいるものの、父を殺した敵への憎しみをはじめ、多くの煩悩の心が消えることはない。

いくら修行を重ねても心の自由を得られない苦しみにさいなまれていたのである。

黒谷隠棲

幽邃の地で巡り合った最高の師・叡空

『往生要集』との出会い

将来の比叡山を担うほどの人材になるといわれた法然だが、いくら修行を重ね、称賛を得ても生死の迷いから離れることができなかった。そこで十八歳になった一一五〇（久安六）年、より思索を深めるために皇円のもとを離れて山深い西塔の黒谷へと移り、叡空に師事する。黒谷は別所と呼ばれ、谷深くほとんど人の訪れない幽邃の地で、俗世間的な名誉を捨てて、真剣に道を求める修行僧たちの道場であった。

法然は弟子入りに際し、「自分は父の遺言を忘れたことがなく、いつでも隠遁したいという気持ちを深めてまいりました」と自分の思いを吐露している。この話を聞いた叡空は、「幼少から生死の迷いの世界から離れようとすることは、あるがままの道理（法然道理）を追い求める聖」であると賞賛して、法然房と名乗らせた。前出の通りこのとき、源空と名づけられたと諸伝記に伝えられている。

黒谷別所を代表する叡空は右大臣中院雅定らに戒律を授けて出家させるなど、上流貴族か

法然と師の変遷

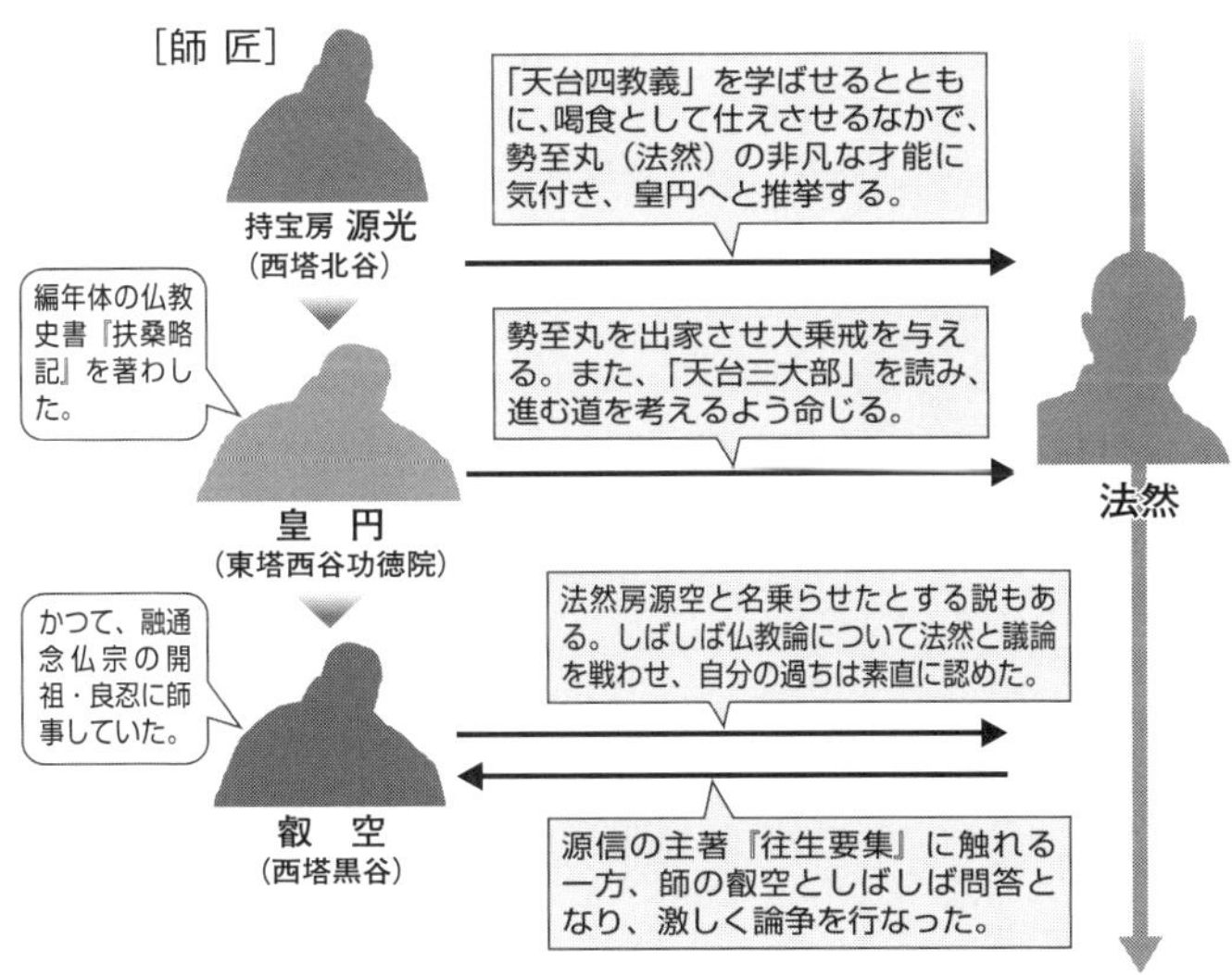

三学と三学非器

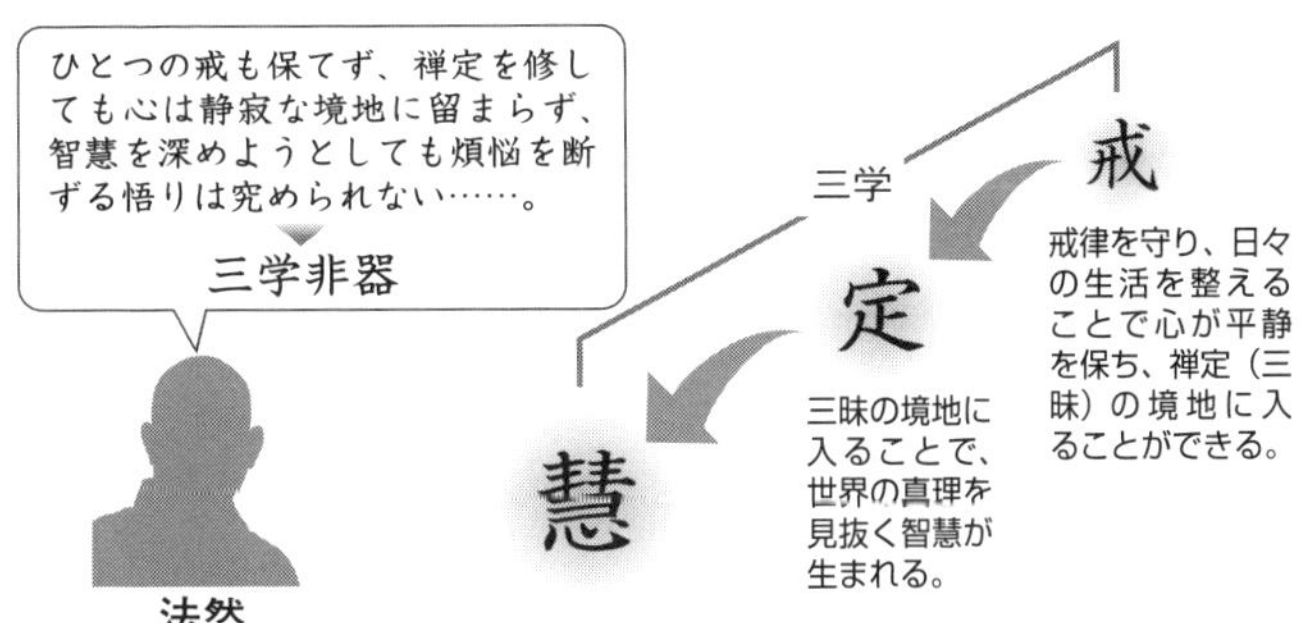

ひとつの戒も保てず、禅定を修しても心は静寂な境地に留まらず、智慧を深めようとしても煩悩を断ずる悟りは究められない……。
三学非器
法然
三学
戒
戒律を守り、日々の生活を整えることで心が平静を保ち、禅定（三昧）の境地に入ることができる。
定
三昧の境地に入ることで、世界の真理を見抜く智慧が生まれる。
慧

黒谷において仏教理解を深め、智慧第一と称えられる一方で、法然はふと、行動と生活を整える戒律さえも守れない自分の姿に気づき、自分は戒律を含めた「三学（戒・定・慧）」の器ではないと、嘆き悲しむこととなる。

らも崇敬されていた人物。また、融通念仏宗の開祖である大原の良忍の正式な伝承者でもあった。

法然が源信と良忍の流れを汲む叡空に師事したことは、のち専修念仏の本流となる念仏者源空の誕生の下地を作り上げることにもなった。

そしてこの黒谷の地で法然に人生の転機が訪れる。『往生要集』と出会い、念仏の存在に触れたのである。九八六(寛和二)年、源信を中心にした僧二十五人がはじめた講会を二十五三昧という。その講会の思想的基盤を記したのが、念仏による極楽浄土を勧める源信の『往生要集』であった。法然が「『往生要集』を先達として、浄土門に入るなり」と語っているように、これが法然を浄土教へと導くきっかけとなった。

三学の教えに悩む法然

法然の黒谷での求道は真剣で、師の叡空には仏教に対する疑問をぶつけ、時には激論へと発展する問答を何度も繰り広げている。

しかしその一方、どれだけ主体的に仏教を学んでも、やはり源空の心は自由にならなかった。修行に励めば励むほど、修行の第一歩となる生活・行動を整える戒律さえも守ることのできな

コラム 法然の問答　叡空との問答

あるとき叡空と法然とで念仏を称える称念と仏の姿を心に思い浮かべる観仏のどちらが優れているかという問答になった。後者と答えた叡空に対し、法然は「称念こそが本願である」として、前者が優れていると主張した。

叡空がこれは師の良忍上人の考えでもあるというと、法然は、「上人は先に生まれただけ」と反論。立腹した叡空は法然を足駄で打ち付けたという。それでもなお法然は「経文の真意を深く読み取れば分かります」と訴えた。法然の法の真理に対する厳しい姿勢をうかがうことができる。

い自分の能力不足を痛感することとなった。もともと仏教の基本は戒・定・慧の三学からなる。

戒は自分が日々正しい行動を送ることで、心の平静が保たれて禅定（三昧）の境地に入り、真実の世界を見抜く智慧が開かれる。法然はこの三学を体現しようと修行を重ねたが、いつも心が乱れ、心の平安を得ることができなかった。そして「自分は三学の器ではない。この三学のほかに自分の心にふさわしい教えはあるのか。わが身に適した修行があるはず」と今までとはまったく体系の異なった教えを捜し求めることとなった。

こうした法然の深い自省が、これまでの念仏の流れに新しい意義を見出すこととなる。

『往生要集』

黒谷で出会った極楽往生の法を説く源信の名著

極楽往生を導く念仏

法然が浄土教および念仏と遭遇したのは源信が著した『往生要集』によってであった。

一〇世紀半ばに生まれた源信は恵心僧都とも呼ばれ、比叡山に学んで学才を発揮するものの、栄達を捨て横川の恵心院に隠棲して道を求め続けた僧である。

その源信が著した『往生要集』は死後の極楽浄土への往生を勧め、その唯一の方法が念仏であると説いた書物で、平安時代の浄土信仰の代表的書物として知られていた。

序文には「極楽浄土に生まれるための教えは末法の人々を導く眼となり足となるものである。天台宗の修行にも様々あり、智慧があり、努力を惜しまない人であれば修行も難しくないであろうが、私のような愚かな者がどうしてそのような修行ができようか」と述べ、それまでの厳しい天台宗の修行とは異なり、誰もが実践できる教えを目指して体系化したのが『往生要集』であった。

内容は一〇章からなる。序論では極楽浄土の存在を際立たせるために、凄惨な地獄の風景と

『往生要集』の構成

	章	門	内容
序論	第1章	厭離穢土門	地獄・餓鬼・畜生・修羅・人・天の六道の世界を説く。
	第2章	欣求浄土門	極楽浄土に生まれたものが受ける十楽を説く。
	第3章	極楽証拠門	様々な経典を挙げて、極楽往生の証拠を示す。
本論	第4章	正修念仏門	浄土往生の道が念仏であることを明らかにする。
	第5章	助念方法門	念仏とともに修めるべき行を挙げ、念仏修行の方法論を導く。
	第6章	別時念仏門	臨終における念仏の行儀などを詳細に説く。
	第7章	念仏利益門	念仏を修めることによる功徳を説く。
	第8章	念仏証拠門	念仏によって浄土往生する証拠を説く。
補論	第9章	往生諸行門	念仏以外の諸行による往生を説く。
	第10章	問答料簡門	問答を通じて念仏の功徳を説く。

『往生要集』に描かれた地獄の様相は、現代にまで続く日本人の地獄のイメージを決定付けるものとなった。

極楽の至福の姿を対比させて描き、本論では極楽往生を遂げるための唯一の方法として念仏の実践を説いている。

そもそも、私たちが思い浮かべる念仏というのは、天台宗において始められた行である。智顗が『摩訶止観』において九〇日間にわたり、歩行しながら阿弥陀仏の名を称える一方、心には常に阿弥陀仏を想う「常行三昧」という修行を定めた。わが国においては、円仁が比叡山に常行三昧堂を建て、阿弥陀仏像の周りを静かに歩きながら口に仏の名を称え、心に仏を思い浮かべて心を鎮め、悟りの境地に入ろうとして実践を試みた。

そんな悟りを得るための実践であった念仏を、極楽浄土へ往生するための方法へと変化させたのが源信の『往生要集』であった。

●理想とされた観念

一般に念仏といってもふた通りある。

『往生要集』では、阿弥陀仏や極楽浄土を心を鎮めて思い浮かべる観念（観想念仏）と仏の名を声に出して称える称念（称名念仏）とが説かれるが、理想とされたのは観念である。なかでも阿弥陀仏、極楽浄土の美しさを思い浮かべることを中心に説いた。

その一方で源信は、一心に思い続けるには高度な集中力が必要であり、誰もが簡単にできるものではない、そこで観念に堪えられない人々は口で一心に念仏を称える称念をすべきだと説いた。すなわち、称念は観念ができない人たちのために修める、副次的な行として位置づけられていたのである。

しかしこの時、『往生要集』を繰り返し読んだ法然は、源信が厳しい修行に堪えられない者を対象にして念仏を説いていることに加え、「極楽浄土に生まれるための行ないは、念仏を本となす」と断言していることから、源信の真意は観念ではなく、阿弥陀仏の名をひたすら称える称念にあるという結論に至ったのである。

『往生要集』が与えた影響

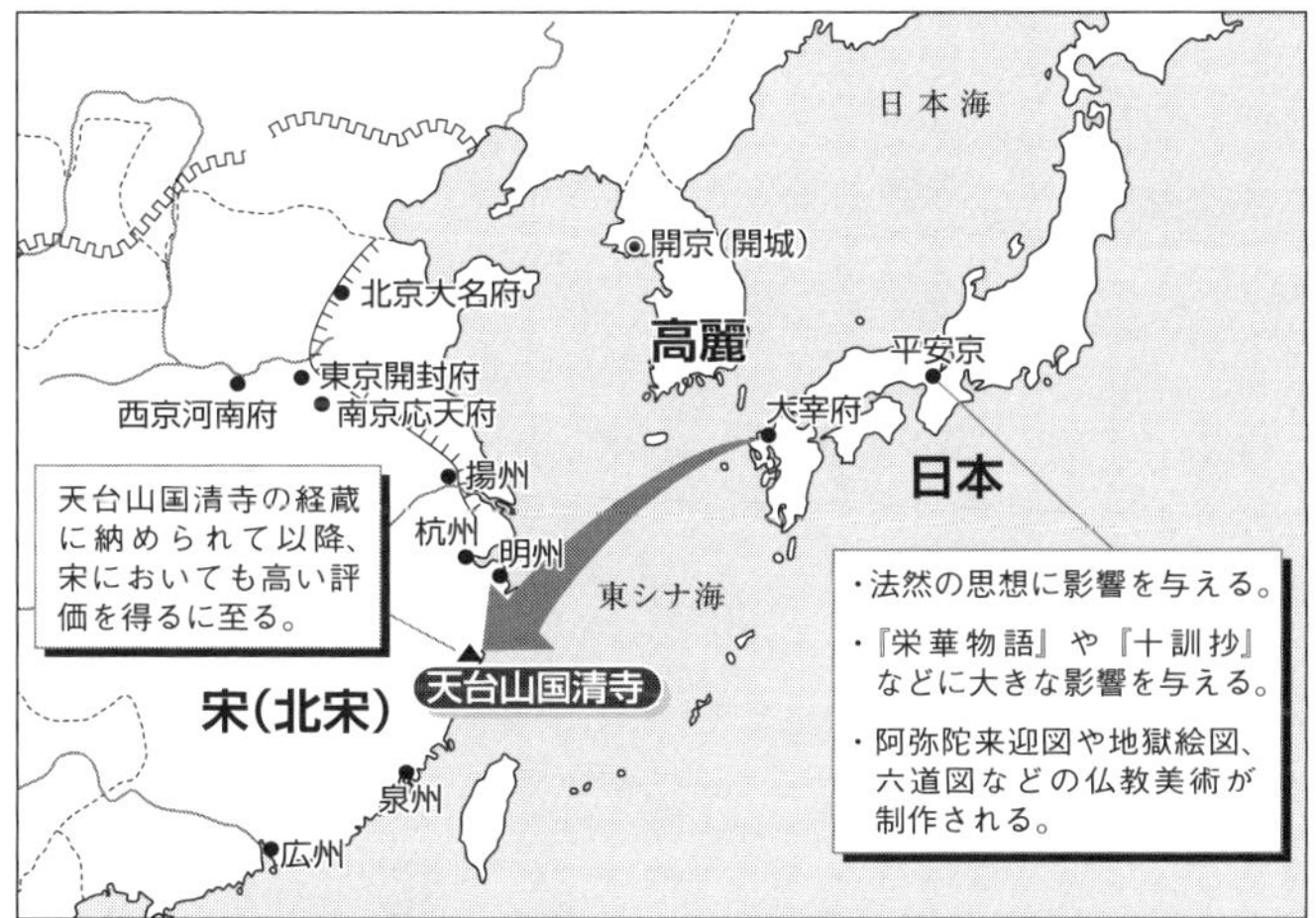

源信が説いた世界観は宋にも伝わる一方、国内では思想のみならず文学や芸術など多くの分野に影響を与えている。

源信が説く観想念仏と称名念仏

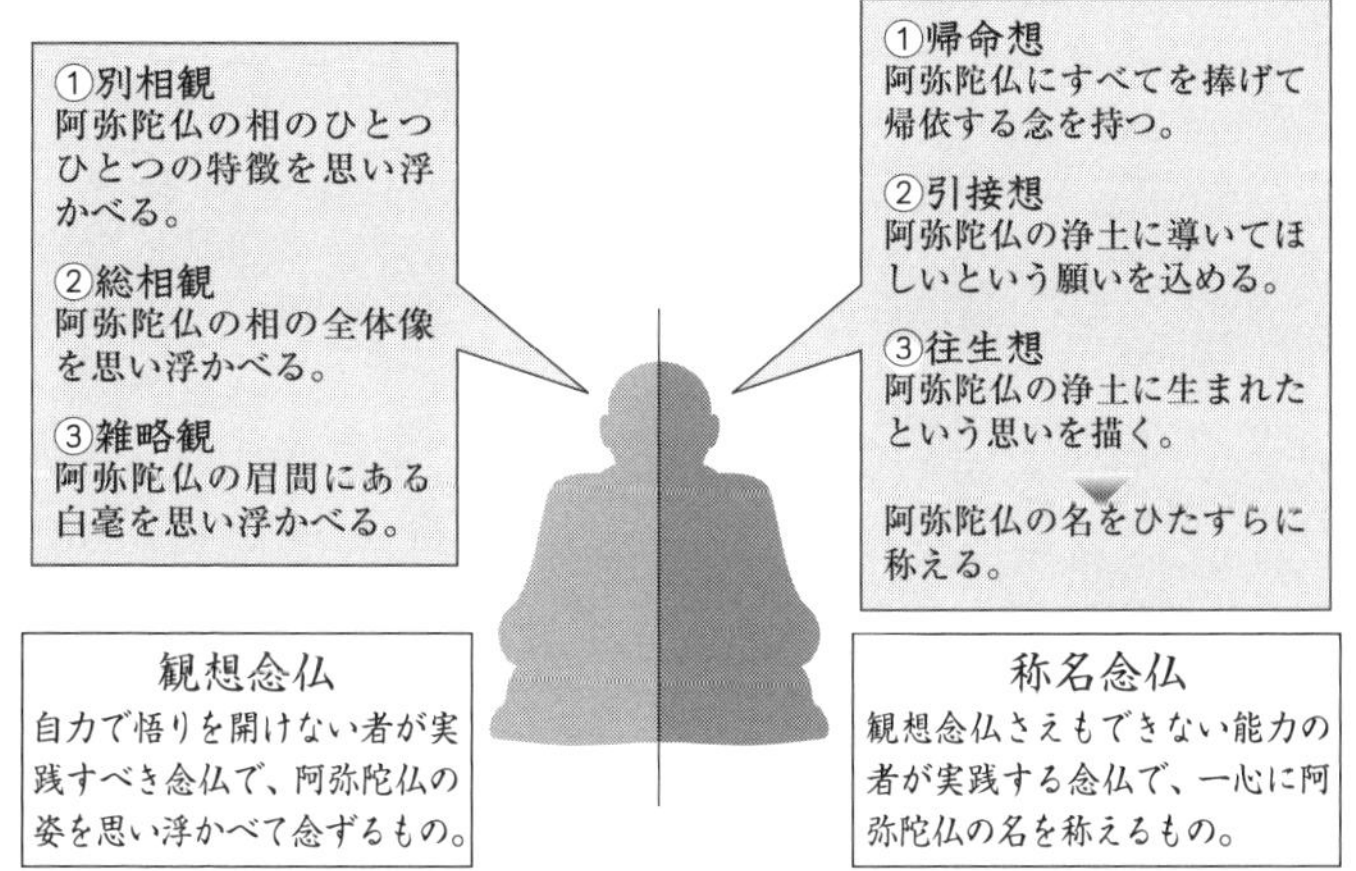

①別相観
阿弥陀仏の相のひとつひとつの特徴を思い浮かべる。
②総相観
阿弥陀仏の相の全体像を思い浮かべる。
③雑略観
阿弥陀仏の眉間にある白毫を思い浮かべる。
①帰命想
阿弥陀仏にすべてを捧げて帰依する念を持つ。
②引接想
阿弥陀仏の浄土に導いてほしいという願いを込める。
③往生想
阿弥陀仏の浄土に生まれたという思いを描く。
阿弥陀仏の名をひたすらに称える。
観想念仏
自力で悟りを開けない者が実践すべき念仏で、阿弥陀仏の姿を思い浮かべて念ずるもの。
称名念仏
観想念仏さえもできない能力の者が実践する念仏で、一心に阿弥陀仏の名を称えるもの。

釈迦堂参籠

嵯峨清涼寺で目にした光景が法然に確信をもたらす

釈迦堂で得た確信

『往生要集』に触れ、一筋の光を見出した迷える法然だったが、まだ何も確信を得られず苦しみ続けていた。

そして二十四歳になった一一五六（保元元）年、一時比叡山を下りて京都の嵯峨清涼寺に詣で、自身の救いを求めて七日間の参籠を行なった。

参籠とは九世紀から一〇世紀にかけて始まった風習で、日にちを決めて堂に閉じ籠って神仏にひたすら祈り、願掛けをする行である。

清涼寺の釈迦堂には釈迦が生きていたときの姿を刻んだ「生身の釈迦像」があり、広く信仰を集めていた。

悩み続けていた法然も、この釈迦像にすがる思いで清涼寺に足を運んだのだろうと考えられる。

ところがその釈迦堂で、法然は思いがけない光景を目にする。法然が堂内で目の当たりにし

釈迦堂のあった清凉寺

法然が参籠を行なった嵯峨の清凉寺。もともとは歌人としても名高い源融の別荘・棲霞観があった場所といわれる。

たものとは、それは老若男女、貴賤(きせん)に関係なく、多くの人々がひたすら釈迦堂に詣でて礼拝し、真剣に祈る姿だった。

当時、世間は保元の乱に突入しようとしていた頃であった。そうしたなか、多くの一般庶民が戦乱に巻き込まれて家を失い、財産を奪われ、かけがえのない大切な家族との今生(こんじょう)の別れという哀しみにさいなまれていた。人々は、まさに仏の慈悲(じひ)に救いを求めていたのである。

法然はこの眼前の人々を救うという僧侶の使命を改めて身に刻んだことであろう。

そして真剣に祈る人々の姿を見て、すべての人に信奉される釈迦の教えのなかにこそ、すべての人々を救う教えがあることを確信したのである。

こらむ

二十五霊場を巡る②

誕生寺

法然生誕の地に熊谷直実によって開基された寺院

岡山県にある誕生寺は法然の生誕地。法然は父・時国の屋敷があった同地で生まれた。一一九三(建久四)年、弟子の蓮生(熊谷直実)が、昔の邸宅跡に寺を建て、誕生寺と名づけた。その際、蓮生は法然が四三歳のときに彫った木像を背負って運んで安置したとされる。

現在、境内には本堂、産湯の井戸、法然が生誕した際、飛んできた白幡二流がこずえにかかったという椋の木や法然が植えた公孫樹などがあり、法然の徳をしのぶことができる。

なお、毎年四月の第三日曜日に法然の両親追恩のための二十五菩薩の練供養が行なわれる。

アクセスデータ

岡山県久米郡久米南町誕生寺808／JR津山線「誕生寺」駅下車、徒歩10分

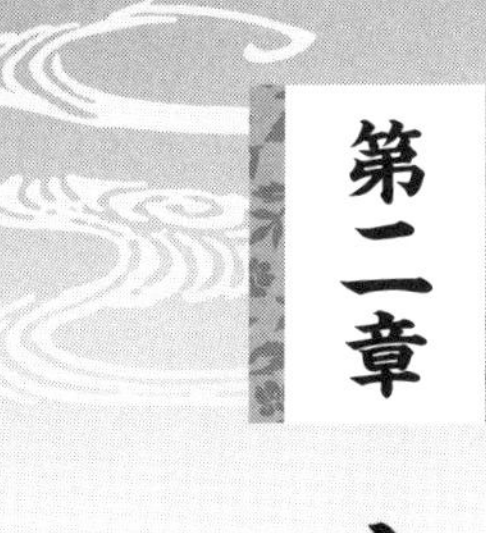

第二章 念仏の広まり

南都遊学

専修念仏の素地を形作った旧仏教への求道

釈迦堂ですべての人々を救う道が仏の教えのなかにあると確信した法然は、黒谷に帰らず、その道を求めて、当時比叡山と仏教界で双璧をなしていた奈良諸寺をめぐる。興福寺に法相宗の学僧蔵俊を訪ね、法相宗に対する疑問を呈するも、蔵俊は返答できなかったという。ついで京の醍醐寺に三論宗の寛雅を、さらに同じく京の仁和寺に華厳宗の学僧慶雅らを訪ね、道を求めた。

法然と面談した学僧らはこぞって法然の学識の深さと正しさに感嘆したという。この遊学を通して自分の南都仏教への理解に誤りがないことを知ったものの、やはり煩悩を消し、生死の迷いから脱却できるような道に出会うことはできなかった。

ただし収穫もあった。奈良で脈々と受け継がれてきた浄土教や碩学の著書に触れ、思想的に影響を受けたとみられている。永観の『往生拾因』や、珍海の『決定往生集』では、口に仏の名を称える称念に関心を示している点に特徴があった。法然はこれらを通じて念仏、とくに称念に傾倒し、やがて善導を経て本願念仏に回心するにいたる。

法然が巡った諸宗遊学の経路

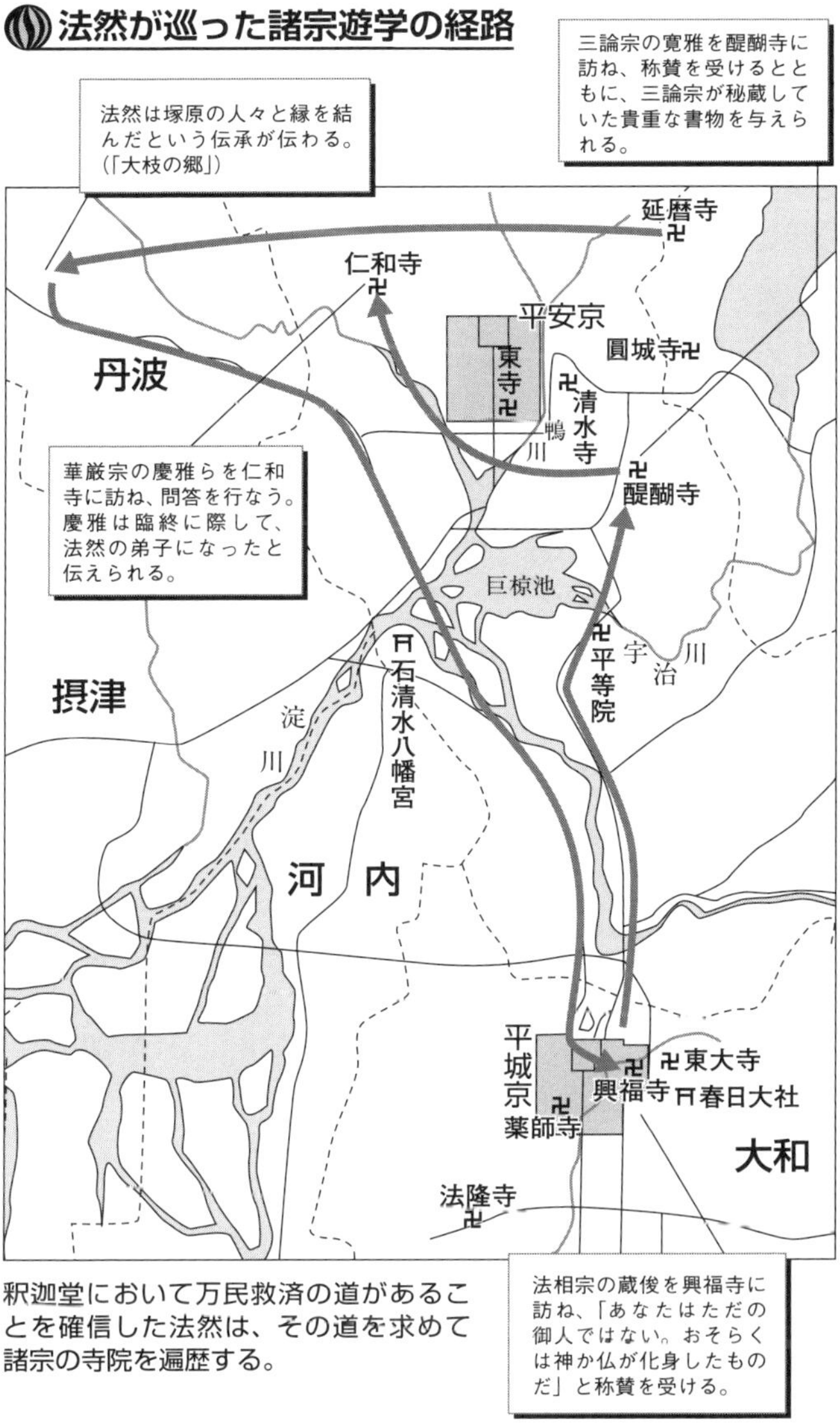
三論宗の寛雅を醍醐寺に訪ね、称賛を受けるとともに、三論宗が秘蔵していた貴重な書物を与えられる。
法然は塚原の人々と縁を結んだという伝承が伝わる。(「大枝の郷」)
華厳宗の慶雅らを仁和寺に訪ね、問答を行なう。慶雅は臨終に際して、法然の弟子になったと伝えられる。
法相宗の蔵俊を興福寺に訪ね、「あなたはただの御人ではない。おそらくは神か仏が化身したものだ」と称賛を受ける。
延暦寺
仁和寺
平安京
東寺
圓城寺
丹波
清水寺
鴨川
醍醐寺
巨椋池
平等院
宇治川
石清水八幡宮
摂津
淀川
河内
平城京
東大寺
興福寺
春日大社
薬師寺
大和
法隆寺

釈迦堂において万民救済の道があることを確信した法然は、その道を求めて諸宗の寺院を遍歴する。

観経疏と浄土宗開宗

念仏による浄土往生を是とする新宗派の誕生

善導によって導かれた本願念仏

黒谷へ戻った法然は「報恩蔵」と呼ばれる経蔵に籠もり、以後二〇年近くにわたって天台宗以外の経典も含めたあらゆる書物を読みあさった。

この間の記録はほとんど残されていないが、この時期の法然は『往生要集』や永観、珍海の著作から、三学の修行もままならない、ごく普通の人々でも往生ができる念仏こそが真の救いの道であるという思いを深めていた。

しかし肝心の『往生要集』のなかで源信はその根拠を語っていない。ただ引用されていた「十人は十人ながら、百人は百人ながら必ず往生できる」という七世紀の唐の善導が撰述した『往生礼讃』の言葉に法然は目を留める。この言葉との出会いを機に、法然はすべての人が極楽浄土に往生できると断言する善導に傾倒し、その著述に目を通した。

そしてついに運命的な出会いを果たすときが訪れる。それはやはり『往生礼讃』を撰述した善導の主著である『観経疏』の一節であった。

ふたつの黒谷

黒谷青龍寺
（京都市左京区八瀬秋元町）
天台座主慈恵大師良源僧正の創建と伝えられ、法然が 20 年にわたって経典を読みふけった黒谷別所に建つ。天台宗ではあるが、現在、京都の総本山知恩院が管理している。

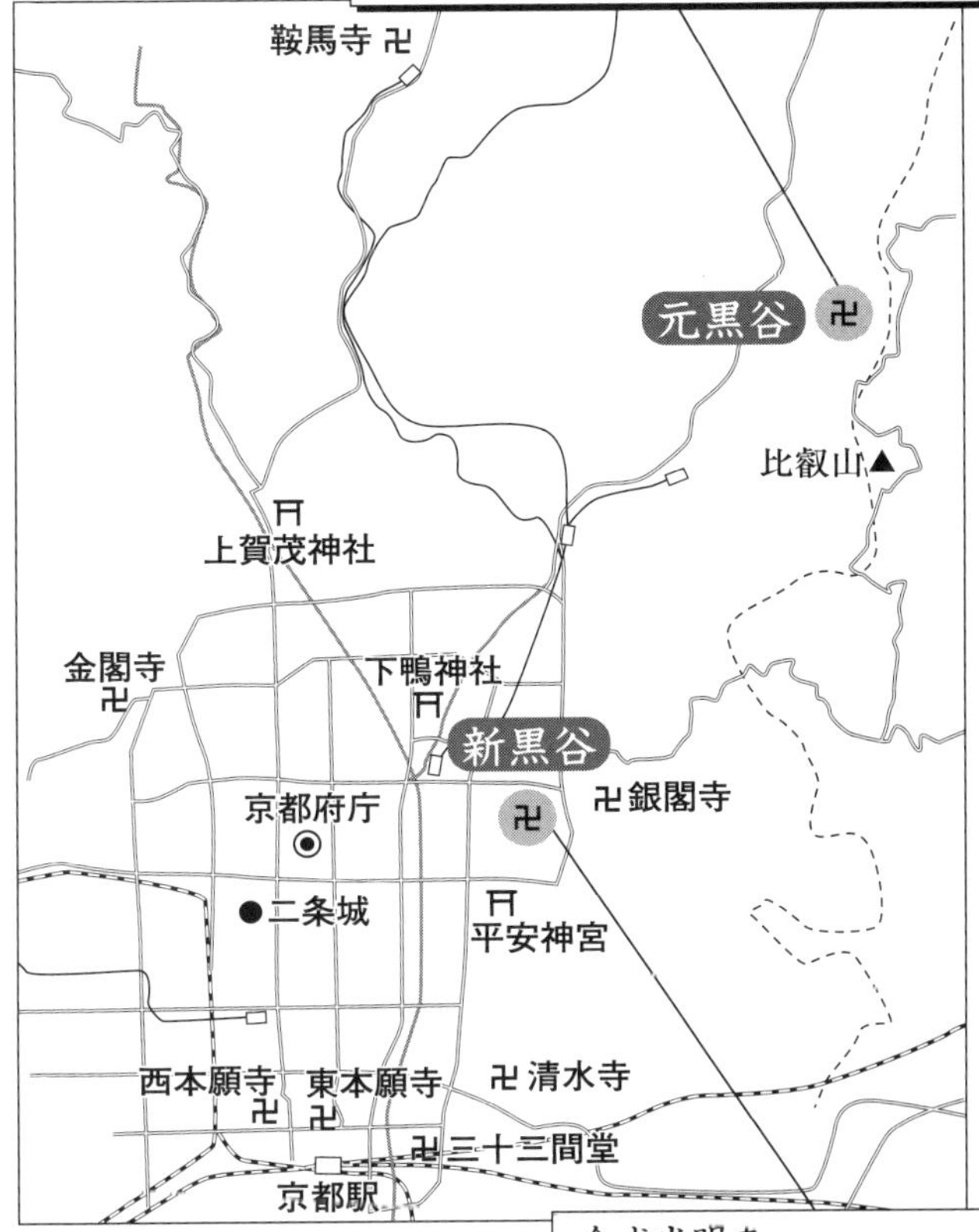

金戒光明寺
（京都市左京区黒谷町）
法然は白川の禅房と呼ばれていた地を訪ねた際、都を西に望む丘で岩に腰掛け、念仏を称えた。のちにその場所にお堂を建て、これが現在の金戒光明寺となった。

黒谷の名称は、大黒天が安置されていたことに由来するという。比叡山の黒谷は現在元黒谷と言われ、青龍寺が建つ。一方現在、京都市左京区岡崎の地が新黒谷と呼ばれ、この地には浄土宗大本山金戒光明寺が建つ。

「一心に専ら弥陀の名号を念じ、行住坐臥に時節の久近を問わず、念々に捨てざるもの、是れを正定の業と名づく。彼の仏の願に順ずるが故に」

すなわち、「心をこめて一心に南無阿弥陀仏と仏の御名を称え、外にあるときも、家にいるときも、坐っているときも、寝ているときもいずれのときも常に真心を込めて念仏を称えること。これこそ正しく往生が叶うように定められた行業である。なぜなら阿弥陀仏の本願に適っているから」というものである。

念仏を称えることで、極楽往生できると断言していたのである。この善導の著書との出会いにより、法然は阿弥陀仏の本願に適った称名念仏こそ万人が救われる道であることを見出したのだった。

浄土宗開宗の瞬間

それまで称名念仏は誰にでもできる行であるため、高尚な修行とはみなされてこなかった。しかし法然はその考えが誤りであったことに気づいた。

極楽往生が阿弥陀仏の本願であるというひと言に、法然は、極楽往生は自らの力で果たすものではなく、阿弥陀仏の他力で叶うものだという発見を得たのである。すなわち三学が修められない愚か者であろうと、念仏を称えれば、往生が叶えられる。それが阿弥陀仏の本願であるならば、阿弥陀仏の思いに適った尊い行であると確信したのである。

法然はただちに天台宗から離れ、専修念仏の道に帰した。時に、一一七五（承安五）年三月、法然四十三歳のときであった。これを回心ともいうが、ここに浄土宗が開宗を迎えたとされる。以降、法然は称名念仏の勤めを実践し、毎日六万遍の念仏を称え、晩年には七万遍称えたと伝えられる。

法然に影響を与えた書物

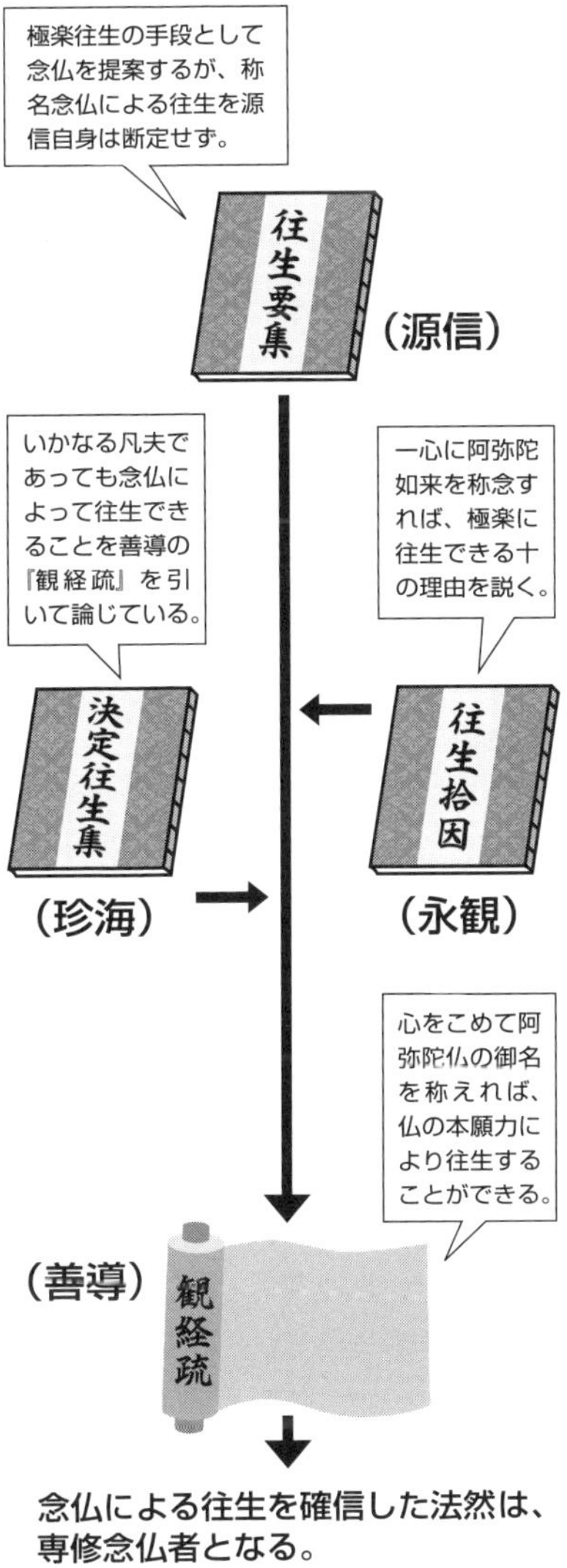

極楽往生の手段として念仏を提案するが、称名念仏による往生を源信自身は断定せず。

往生要集
（源信）

いかなる凡夫であっても念仏によって往生できることを善導の『観経疏』を引いて論じている。

決定往生集
（珍海）

一心に阿弥陀如来を称念すれば、極楽に往生できる十の理由を説く。

往生拾因
（永観）

心をこめて阿弥陀仏の御名を称えれば、仏の本願力により往生することができる。

観経疏
（善導）

念仏による往生を確信した法然は、専修念仏者となる。

善導との邂逅

夢に現われ、迷える法然に決意を促した浄土教の高祖

迷える法然を導いた不思議な夢

法然を浄土宗開宗へと導いた、『観経疏』の著者・善導とはいったいどのような人物だったのだろうか。

善導は唐において浄土教を大成した七世紀の僧である。泗州または臨淄の出身とされ、『観無量寿経』に接してのち、玄忠寺の道綽に師事して浄土の教えを受けた。道綽の没後、長安の光明寺、大慈恩寺、実際寺などで念仏を布教し、『阿弥陀経』を一〇万回書写、龍門の石窟寺院大造営の監督を務めた高僧である。

法然はこの善導の著書の導きにより、称念によって救われるという確信を得たものの、浄土宗の教義を確立したわけでもなければ、教団組織を創立したわけでもなかった。

回心を得た法然は、専修念仏といわれるように、一日六万遍もの念仏を称え始めた。その一方、この教えが万人を救うという確信を得ていたにもかかわらず、今、自分が味わっていることの喜びを他人に説くことに踏み切れずにいた。「末法のこの時期、心が乱れる人々に私の声が

善導 関連地図

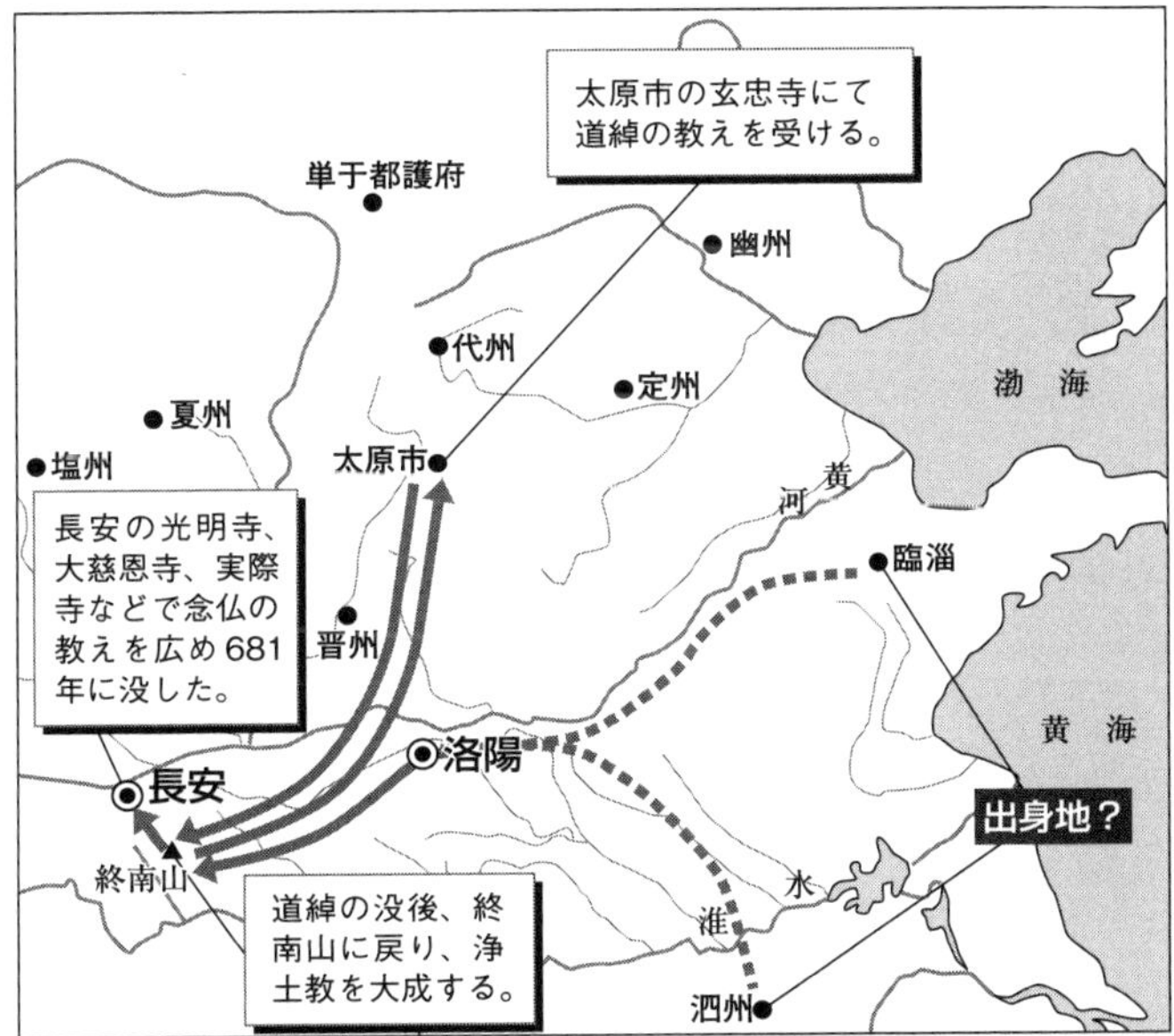

二祖対面の場面（『法然上人行状絵図』より）

専修念仏の教えを広めるべきか否か、迷う法然の夢に現われた半金色の善導。

届くのかどうか」と不安にかられていたのである。まして法然は自分が善導と対面し、直接衣鉢を伝承したわけではないことにも一抹の不安を抱いていた。

ある夜、この不安を一掃する出来事が起こった。それは夢のなかで善導と対面したという「二祖対面」または「半金色の善導」という神秘体験である。

法然はある夜、不思議な夢を見る。紫の雲が湧き上がり、そのなかから様々な色をした鳥たちが飛び立った。すると上半身は墨染の衣をまとった姿で、腰から下は金色に輝いた僧が現われ、「私は善導です。あなたが念仏を広めることが尊いので来ました」と教えを広めることを促して去って行った。これはまさに法然の確信が善導の思いにかない、その教えを広めることを認められた証であった。

それは法然の思いが実った対面であり、夢のなかで対面した善導の姿は、尊い仏の姿と我々凡夫の姿とを兼ね備え、その両者の立場を踏まえたもので、念仏の教化を躊躇する法然の不安を取り払おうとする目的が反映されているのであろう。

仏格に引き上げられた善導

法然は自分が浄土の教えを広めるよりどころはひとえに善導によると述べているが、法然の

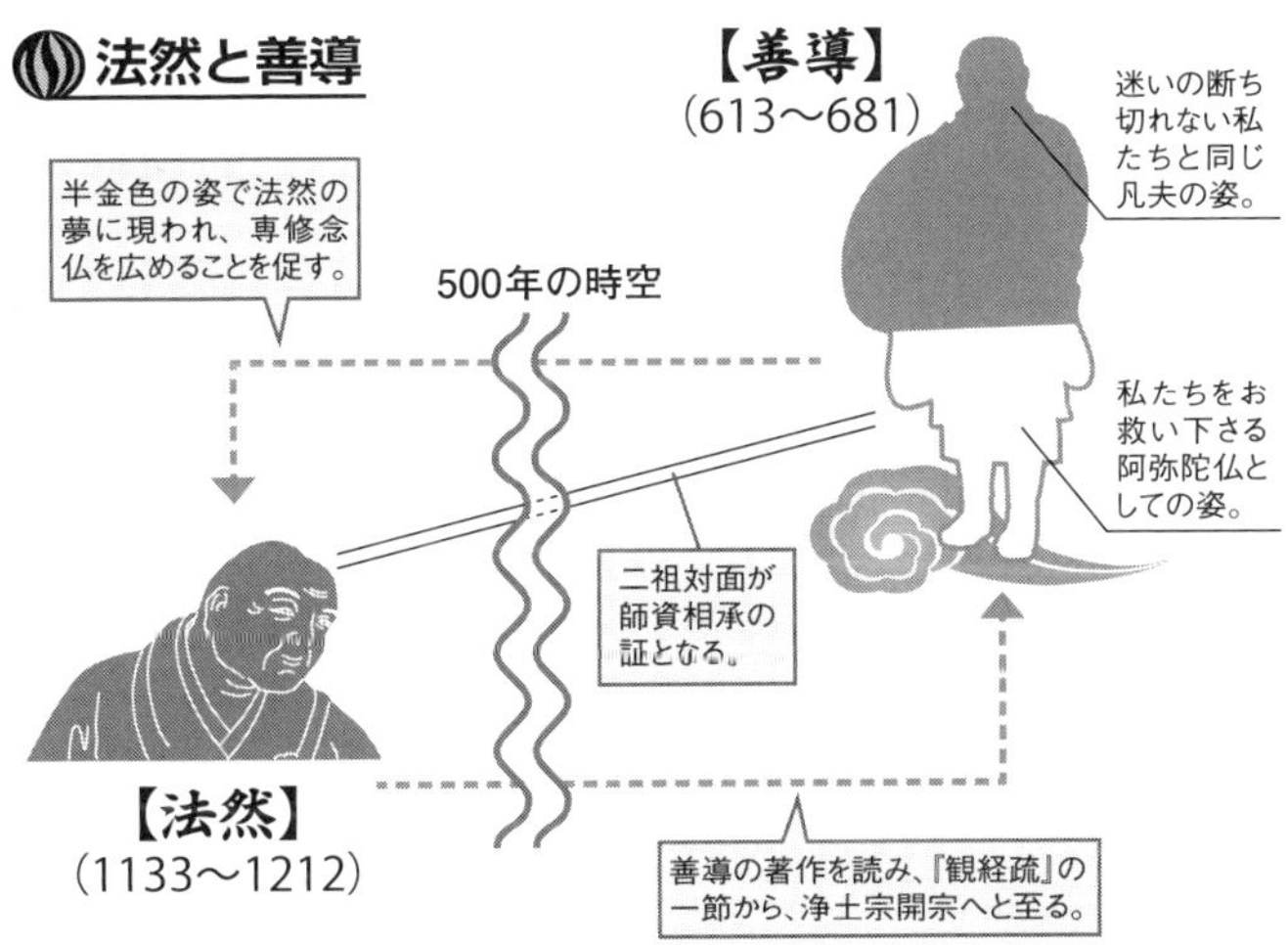

『観経疏』と夢のなかでの対面により、善導と法然は、500年の時空を超えて結ばれた。

善導に対する思いは並々ならぬものがあった。法然が東大寺で「浄土三部経」を講義したときには、善導を「三昧発得の輩」としている。

これは高度な宗教体験をされた尊敬するに値する人という意味である。

ところがさらに後年になると、中国から渡来した著作と自身の高度な宗教体験に基づき、法然は自身の著作『選択本願念仏集』のなかで「善導は阿弥陀仏が仮の姿で現われた弥陀の化身」と述べ、善導は仏そのものの地位へと引き上げられている。

善導なくしては今の自分がありえなかったという法然の強い思いが如実に現われたものといえる。

第二章 念仏の広まり

阿弥陀仏

念仏を称える人々を極楽へと導く浄土宗の本尊

すべての人を救う阿弥陀仏

法然が救いの仏として崇めたのは阿弥陀如来である。法然は「私が浄土宗の教えを立てるのは、凡夫が報土に生まれることを表わしたいからである」と述べているが、報土とは菩薩の修行に報いて悟りを開いた仏が建立した浄土をいい、ここでは極楽浄土であり、その教主が阿弥陀如来であった。その誕生については『無量寿経』に次のような逸話がある。

はるか昔、ある国王が出家し法蔵と名乗った。法蔵菩薩は修行して悟りを得たら、すべての人々をこのように救いたいという四十八の願いを立て、修行を重ね阿弥陀仏となった。そして極楽浄土を設け、人々の救いのために働き続けている。法蔵の立てた誓いのなかで最も重要なのは、第十八番目の念仏往生願。念仏を称えた者は皆往生させるというものだ。

そして凡夫であっても報土に生まれるという凡入報土の教えは、仏教界において一大転換となった。煩悩を断ち切れないような凡夫が報土に生まれるという教えは既存の宗派には存在していなかったからである。たとえば、天台宗では凡夫が生まれることが出来る浄土は、凡夫と聖者が住むレベルの低い凡聖同居土（ぼんしょうどうごど）のみであるとされた。法相宗（ほっそうしゅう）では阿弥陀仏の浄土に凡夫が生まれることを認めていなかった。

こうしたなか、すべての凡夫が最高の極楽浄土に救われるとした凡入報土の教えはじつに画期的なものであった。法然はこの教えをもとに念仏を称えればすべての人が救われ極楽往生できると説いた。まさにこれは仏教の革命ともいえる教えであった。

阿弥陀の四十八願

第一願	無三悪趣の願	第二十五願	説一切智の願
第二願	不更悪趣の願	第二十六願	那羅延身の願
第三願	悉皆金色の願	第二十七願	所須厳浄の願
第四願	無有好醜の願	第二十八願	見道場樹の願
第五願	宿命智通の願	第二十九願	得弁才智の願
第六願	天眼智通の願	第三十願	智辯無窮の願
第七願	天耳智通の願	第三十一願	国土清浄の願
第八願	他心智通の願	第三十二願	国土厳飾の願
第九願	神境智通の願	第三十三願	触光柔軟の願
第十願	速得漏尽の願	第三十四願	聞名得忍の願
第十一願	住正定聚の願	第三十五願	女人往生の願
第十二願	光明無量の願	第三十六願	常修梵行の願
第十三願	寿命無量の願	第三十七願	人天致敬の願
第十四願	声聞無数の願	第三十八願	衣服随念の願
第十五願	眷属長寿の願	第三十九願	受楽無染の願
第十六願	無諸不善の願	第四十願	見諸仏土の願
第十七願	諸仏称揚の願	第四十一願	諸根具足の願
第十八願	**念仏往生の願**	第四十二願	住定供仏の願
第十九願	来迎引接の願	第四十三願	生尊貴家の願
第二十願	係念定生の願	第四十四願	具足徳本の願
第二十一願	三十二相の願	第四十五願	住定見仏の願
第二十二願	必至補処の願	第四十六願	随念聞法の願
第二十三願	供養諸仏の願	第四十七願	得不退転の願
第二十四願	供具如意の願	第四十八願	得三法忍の願

遊蓮房円照

「人界に生を受けたる思い出」と法然に言わしめた念仏の先達

円照との交流で得た念仏への確信

一一七五（承安五）年の春、専修念仏者になった法然は比叡山を下り、京都西山広谷へ向かった。法然が比叡山を下りた理由については諸説ある。専修念仏に帰依したため、比叡山にいると都合が悪くなった、あるいは高倉天皇への授戒のためなどといわれている。ただし、最大の目的は、多くの人々に念仏の教えを広めるためであったろう。比叡山を下りた法然がまず向かったのは、広谷にいる遊蓮房円照のもとだった。

円照は後白河天皇のもとで権勢を振るった信西（藤原通憲）の三男の是憲。二十一歳のとき、平治の乱で父が殺され、連座して一族が流刑に処されたのち出家し、広谷に隠棲していた。円照は一族から尊ばれること仏のようであったと言われた人物で、世俗と関わることなく、ひたすら念仏を実践していた熱心な念仏者であった。

法然は、同じ叡空門下でのち法然の弟子となる信空が円照の縁戚にあたっていたことから、円照の存在を知ったのだろう。法然と円照との交流は、一一七七（治承元）年に円照が三十

念仏者・円照の系図

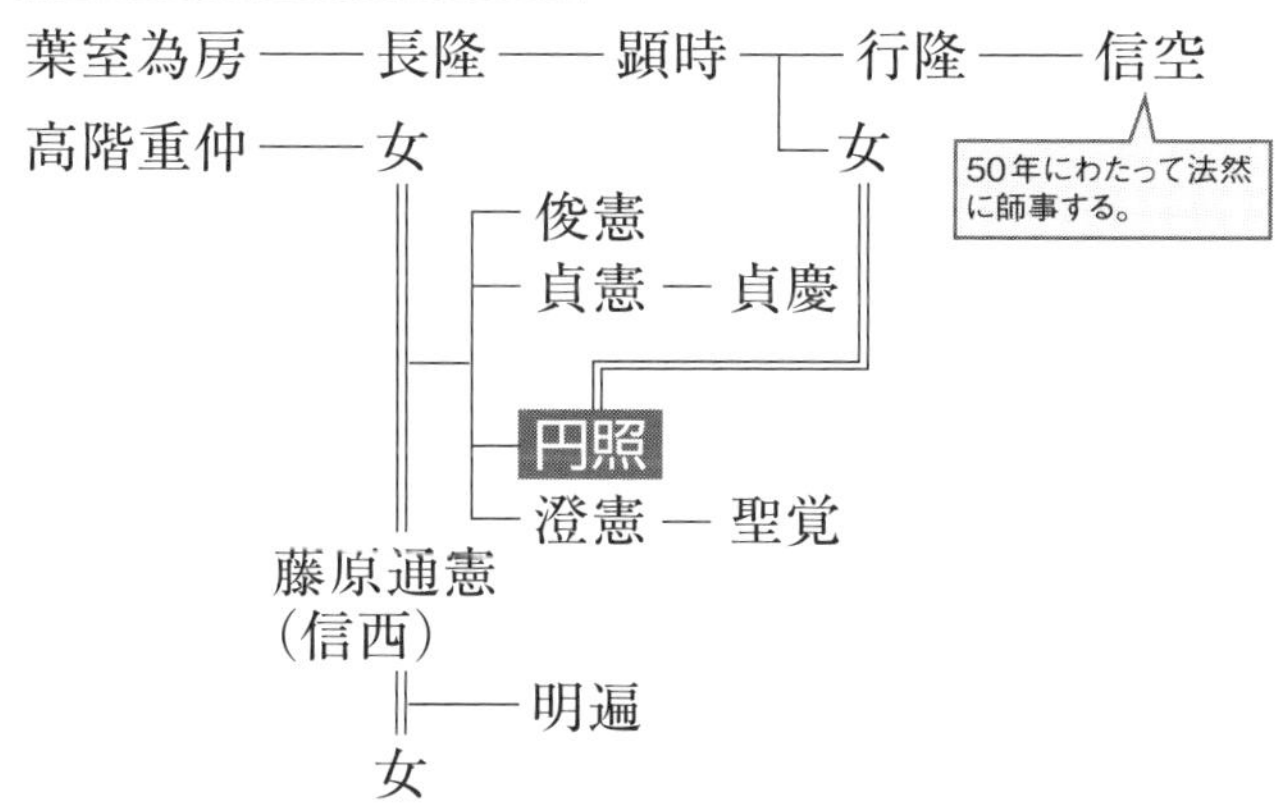

比叡山から巣立った宗祖たち

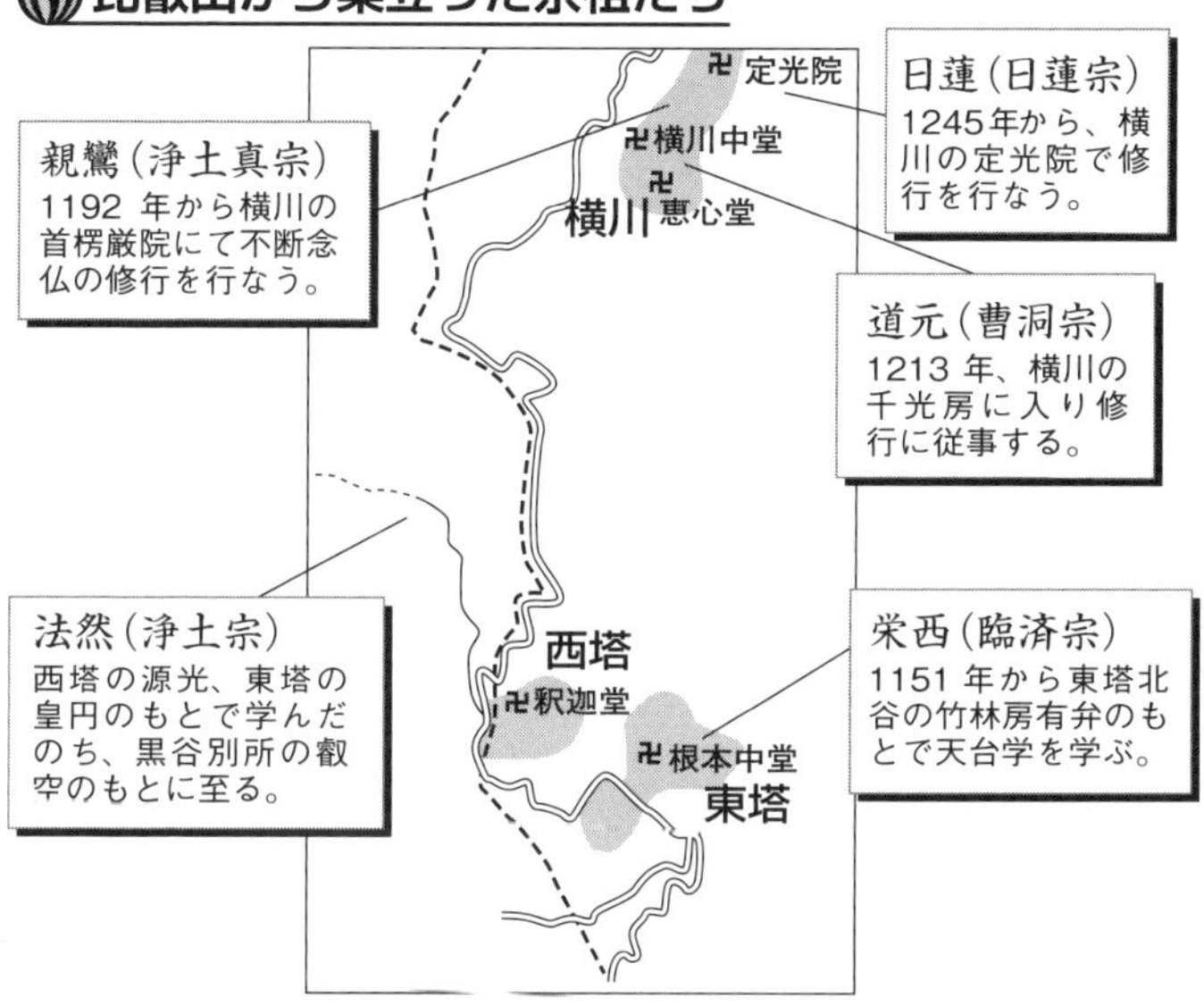

平安末期から鎌倉時代にかけて、政治に関わり腐敗していた延暦寺であるが、鎌倉仏教の宗祖となった法然、親鸞、道元、日蓮、栄西は皆比叡山で学んだ経験を持っている。

九歳で亡くなるまでの一〜二年にすぎなかったが、法然にとっては貴重な交流を得ることになった。ただし円照は純粋な善導の教えに基づく念仏ではなかったとみられている。それでも法然は「浄土の法門と遊蓮房とにあへるこそ、人界に生を受けたる思出にては侍(はべ)れ」とその感慨を述べている。ひたすら念仏に打ち込む円照の姿に接して、念仏によって人は救われるという現証を得たのであった。

円照の臨終に立ち会った法然はあらためて念仏の布教を決意し、人々の集まりやすい東山(ひがしやま)の吉水(よしみず)の地に移り住んだ。現在の円山(まるやま)公園の北東の安養寺(あんようじ)が庵跡(いおりあと)と伝えられる。ここがその後の生涯における法然の布教の拠点となるが、吉水に移り住んだ当初は自ら念仏の実践に励み、教えを請いに訪れた人たちに向けて念仏を称えることを勧めていたようだ。

不安定な世相のなかで

この当時の社会情勢は、末法の世を表わすかのように騒然としていた。大火や地震などの天災が続き、疫病で多くの死傷者も出ていた。また、一一八一（治承五）年から翌一一八二（寿(じゅ)永(えい)元）年にかけて、西国は「養和(ようわ)の飢饉(ききん)」に襲われた。人が人を食らい、死骸(しがい)が街路に溢(あふ)れるという有様であった。

比叡山を下りたあとの法然

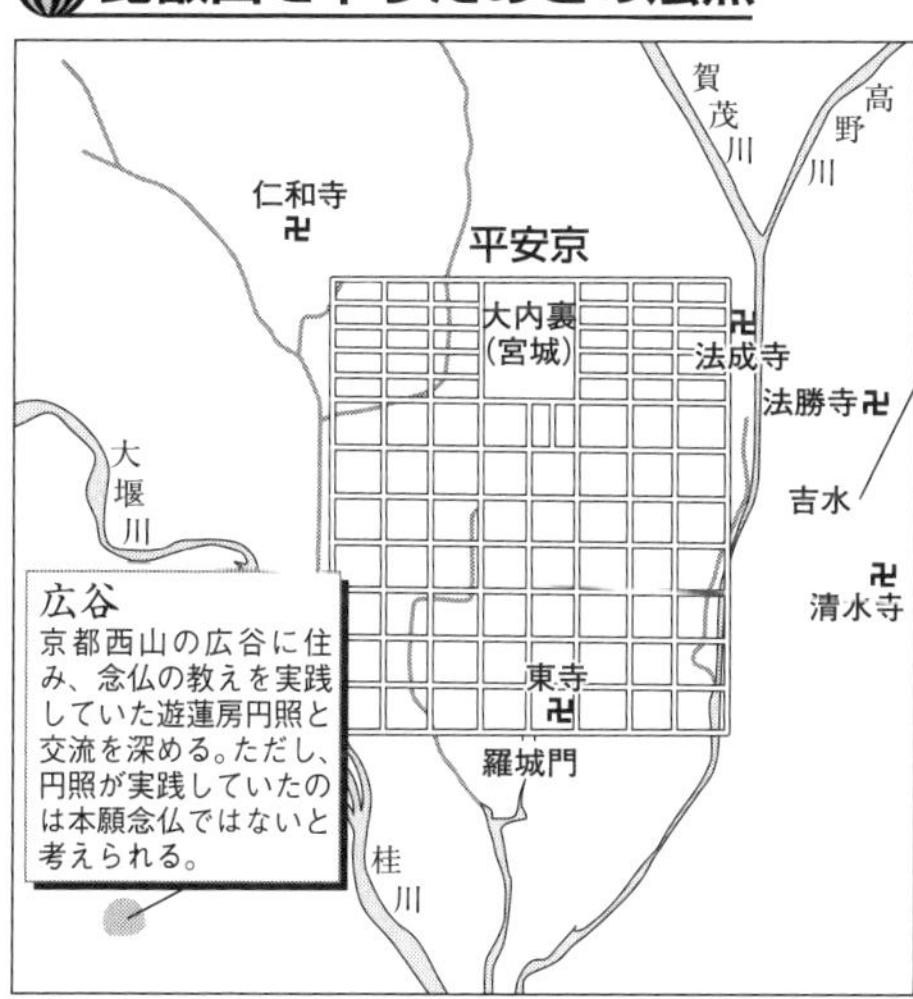

吉水
円照が39歳で亡くなってのち、東山に移り住んだ法然はこの地に専修念仏の教えを広めていく。
賀茂川
高野川
仁和寺
平安京
大内裏（宮城）
法成寺
法勝寺
吉水
清水寺
大堰川
広谷
京都西山の広谷に住み、念仏の教えを実践していた遊蓮房円照と交流を深める。ただし、円照が実践していたのは本願念仏ではないと考えられる。
東寺
羅城門
桂川

比叡山を下りた法然は、京都西山広谷へ向かい、念仏の教えを実践する円照に出会った。法然は円照と深く交流し、その臨終にまで立ち会うと、東山の吉水へと移り住む。この当時、世は源平争乱の真っ只中にあり、京都は混乱の様相を呈していた。

そこへ追い打ちをかけるように、後白河上皇の幽閉、源頼朝の挙兵など、京の都は源平争乱の真っ只中にあり、混乱に陥っていた。

こうした世の中にあっても、法然は日々念仏の行に励み、教学の研鑽に努めた。法然は「仏道修行は自分の愚かさや能力、時代に適するかを考えるべきである」とよく語っていたが、無常を感じる世の中だからこそ、誰もが極楽往生できる専修念仏が時代に適合している教えだと確信していた。

そのため法然は自分ひとりの思想に終わらせず、人々に説き示す念仏生活のあり方を体系的に説く必要があると考えた。この頃の法然は、教えの体系化を進めて足固めをしていたとみられる。

平重衡への説法

奈良を火の海にした仏敵に対し、法然が説いた念仏往生

南都焼き討ちの敗将

法然の庵を多くの人々が訪れ、教えが広まっていったが、『平家物語』にも、法然が教えを説く場面が登場する。

その相手は平清盛の子重衡である。重衡は一一八〇（治承四）年十二月、源氏挙兵に与した奈良の僧兵勢力鎮圧のため、奈良を攻撃した。その戦闘のなかで興福寺、東大寺などが焼失。奈良は火の海と化した。

これが南都焼き討ちと呼ばれた一件である。これは平氏の圧勝に終わったが、奈良の寺院勢力の激しい怒りを買うことになった。

やがて数年の年月が流れ、清盛が世を去ると、平氏政権の強勢にも陰りが見え始める。やがて源頼朝、木曾義仲らによって平氏と源氏の趨勢は逆転。平氏は都を追われ、源平合戦は源氏の勝利に帰結しようとしていた。南都焼き討ちの張本人・平重衡も一一八四（寿永三）年、一ノ谷の合戦に敗北し、捕らえられた。

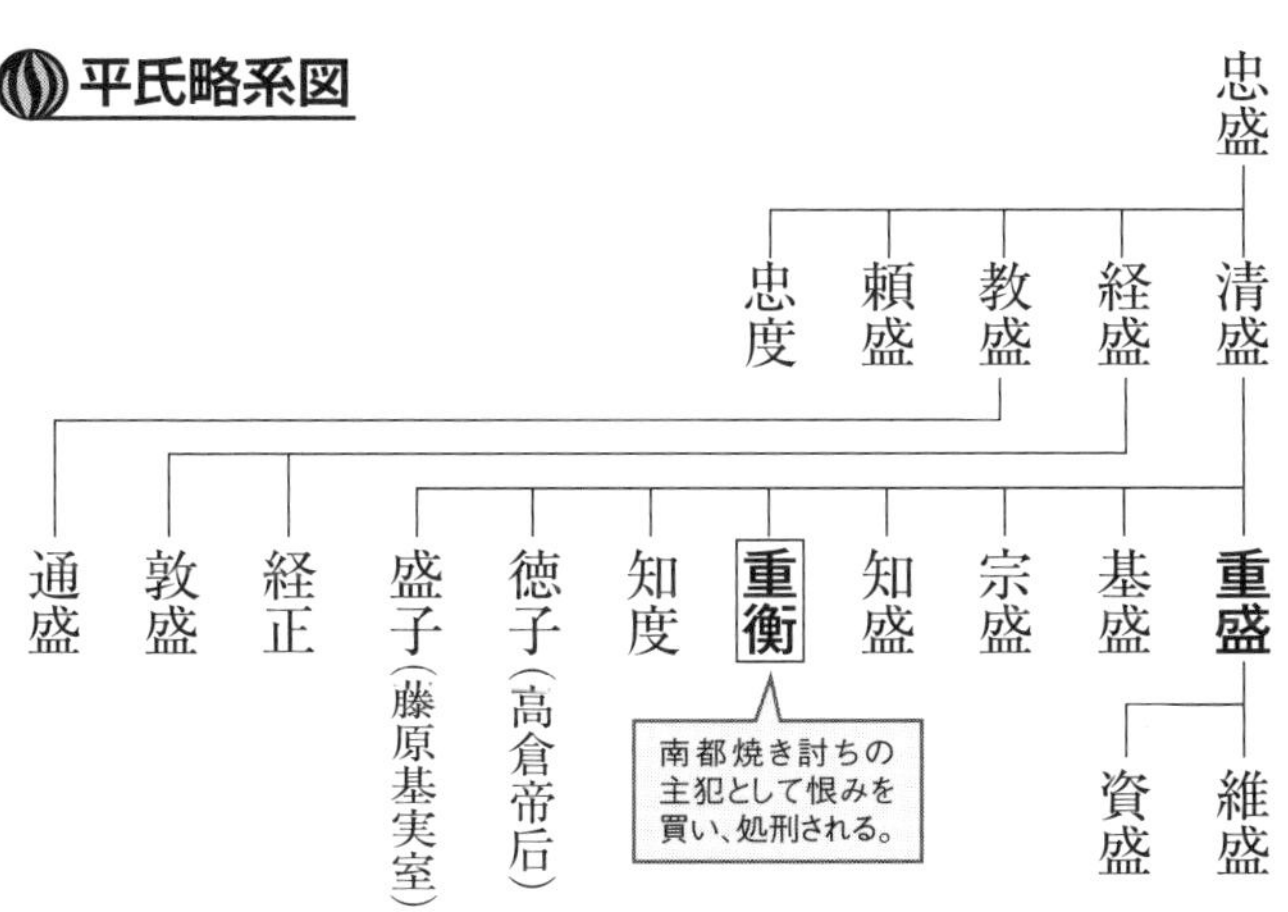

法然が比叡山を下りた当時、繁栄を謳歌していた平氏のなかにも法然に帰依し、庇護者となった人物もいたようだ。

鎌倉への護送が決まった重衡は出家したいと申し出るが、それを源義経に拒絶されると、長年教えを受けてきた法然と対面したいと願い出て許される。重衡の妻は法然より戒を受けていた藤原邦綱の養女であり、その縁で重衡も法然に何度か教えを受けていたようだ。

破仏の罪人を救った法然

法然と対面した重衡は奈良の寺院を焼いたことを懺悔し、「南都炎上のことは自分に責任がある。いまさら悔いても仕方ないが、このような身では出家も叶わず、罪深くよい行ないをしていないので地獄の苦しみは疑いない。私のような罪深い者でも救われる道はあるだろうか」と涙ながらに問いかけた。

寺院に火を放ち、焼失させた重衡の行為は破仏の重罪にあたる。死を前にして重衡が恐れるのも当然であった。これに対し法然は、「称名念仏が最も優れている。深く信じて南無阿弥陀仏と称えれば、どのような罪人でも極楽浄土に行き着くことができる。それが阿弥陀仏の本願である」と念仏の教えを説き、戒を授けた。法然は当時第一の重罪人、重衡にも救いの手を差し伸べたのであった。

重衡は喜びの涙を流し、清盛が宋の皇帝から贈られたという名硯「松蔭」を形見として法然に手渡したと伝えられる。

重衡は法然との対面により心の安らぎを得られたのか、鎌倉に送られて源頼朝と対面したときには「朝敵を平らげ朝廷のために尽くしてきた平家がこのようになったのも、運命ならば仕方ない。情けがあるなら一刻も早く首を斬って欲しい」と潔い態度を示し、頼朝を感服させたという。

しかし奈良の僧侶たちにとって重衡は許しがたい仏敵であった。頼朝に圧力をかけて重衡を引き渡すよう求め、ついには木津川の河畔で処刑した。

重衡は「最後の念仏によって、極楽浄土に生まれ変わることができる」と言い残し、従容として死出の旅路に就いたという。

平重衡最後の足取り

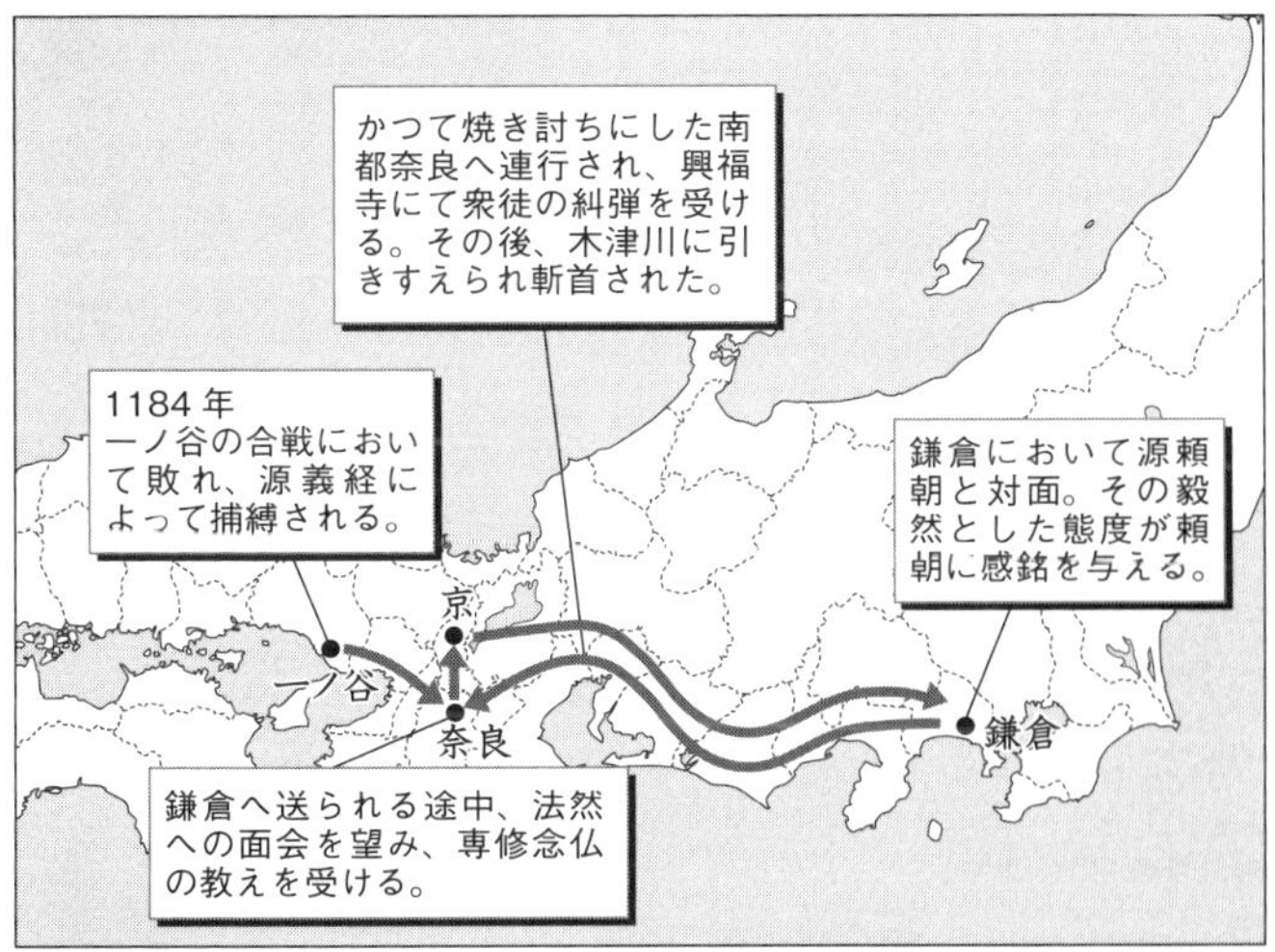

かつて焼き討ちにした南都奈良へ連行され、興福寺にて衆徒の糾弾を受ける。その後、木津川に引きすえられ斬首された。
1184年
一ノ谷の合戦において敗れ、源義経によって捕縛される。
鎌倉において源頼朝と対面。その毅然とした態度が頼朝に感銘を与える。
京
一ノ谷
奈良
鎌倉
鎌倉へ送られる途中、法然への面会を望み、専修念仏の教えを受ける。

南都を焼き討ちした平重衡は、南都の僧たちの恨みを一身に受け、木津川の畔で斬首された。途中、重衡は法然との面会を望み、専修念仏の教えを受けたと『平家物語』は記している。

興福寺

南都焼き討ちによって灰燼に帰した興福寺の門徒たちは重衡を仏敵として深く恨んだ。

大原談義

専修念仏の教えを整然と説き、旧仏教の指導者層を納得させる

仏教界の異端児

比叡山を下りてから一〇年余りの歳月が流れた一一八六（文治（ぶんじ）二）年、法然は五十四歳になっていた。専修念仏を説く吉水の法然の下には、救いを求めて様々な階層の人々が集まるようになった。従来の仏教から救いの手が差し伸べられなかった一般民衆にも門戸（もんこ）を開いたこともあり、専修念仏の教えは急速に広まっていく。

こうした動きを危惧（きぐ）したのが南都北嶺（ほくれい）の旧仏教である。庶民にも往生を説く専修念仏は仏教界の異端児ともいえた。そこでのちに天台座主（ざす）になった顕真（けんしん）が意見交換の場として法然を招き討論の場を設けようとした。

これに先立ち、顕真と法然との間には次のようなやり取りが伝えられている。

顕真が悟りを求めるため大原（おおはら）に隠遁（いんとん）生活をしていたとき、縁あって法然と対面した。顕真が生死を離れ、悟りを得る方法を問うと、法然は「この世で悟りを開くことは難しいですが、極楽に往生することはたやすいことです。阿弥陀仏の救いの働きである本願力によって、凡夫で

大原談義（『法然上人行状絵図』より）

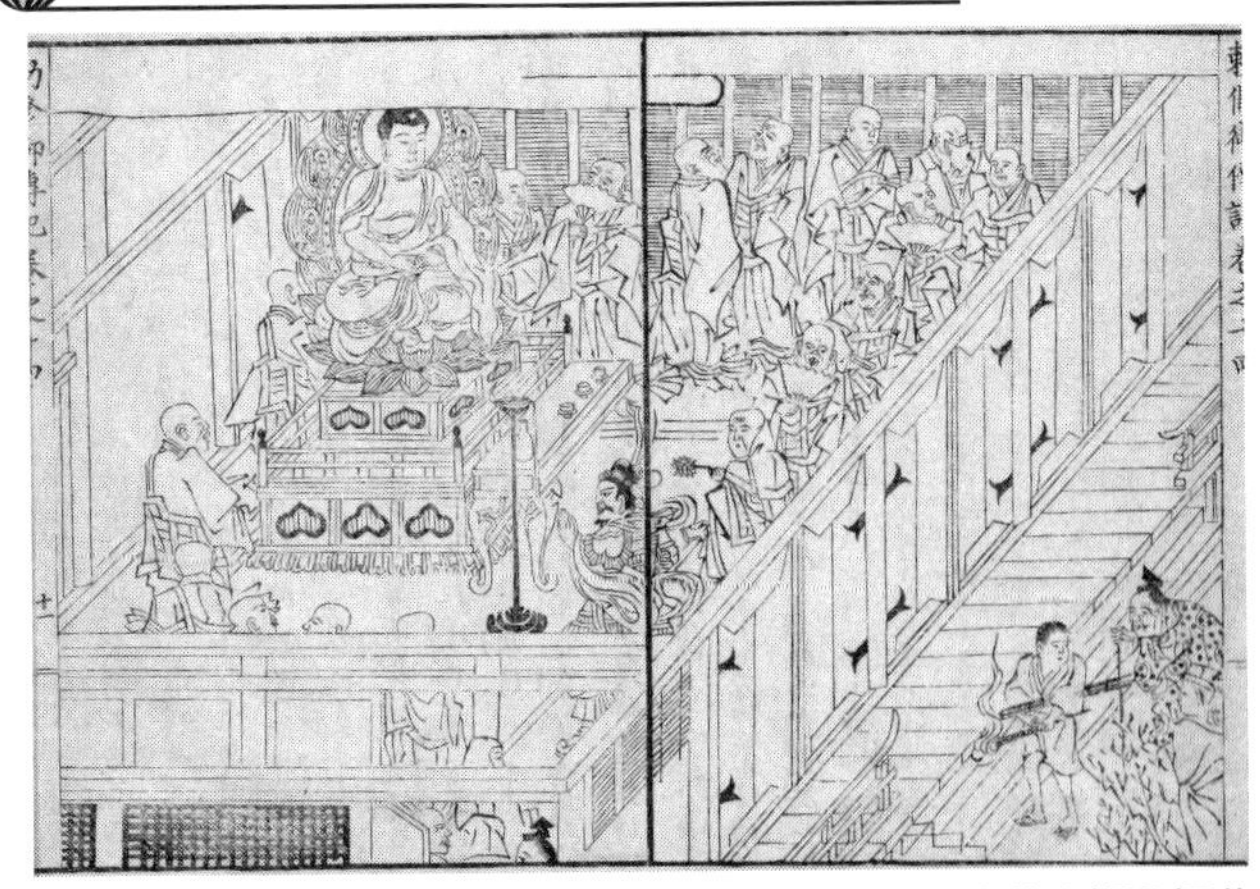

天台座主顕真によって大原へ招かれた法然は、専修念仏を疑う旧仏教の人々との問答に答え、ついに感化させたという。

も極楽浄土に生まれることができます」と明快に答えた。

顕真が法然の智慧は深いがかたくななところがあると評したところ、それを伝え聞いた法然が「自分が知らないことは一度は疑ってみるものだ」と応じた。

顕真はこの話を聞いて自らを恥じ、自らも念仏の教えを学ぼうと考え、一〇〇日間、大原に籠居（ろうきょ）して道綽や善導らの著述を研究したという。

こうして「浄土の法門について見定めることができたので、大原へ来てもらい教えを請（こ）いたい」と法然に申し送ってきた。

旧仏教界との公開討論

京の北東に位置する大原の里、勝林院（しょうりんいん）の丈（じょう）

六堂に顕真をはじめ三論宗の明遍、法相宗の貞慶、天台宗の証真、嵯峨往生院の念仏房、東大寺大勧進の俊乗房重源ら碩学と、およそ三〇〇名におよぶ聴衆が集まり、専修念仏の教えを聞くことになった。

近年、急速に仏教界において台頭してきた法然がどんな教えを説くのかと一同が見守るなか、法然は諸宗の修行や悟りについて詳細に述べ、「これら諸宗の教えは義理も深く利益も優れている。だが私ごとき愚か者はその器ではなく、悟ることも成仏することもかなわない。もはや浄土門の念仏でしか迷いを離れる方法はないのだ」と主張した。白熱した議論は一日一夜におよび、自分のように諸宗の修行に耐えられない者にとって念仏こそが救いの道であるという信念を理路整然と説いた。

論議の詳細は伝わらないものの、「諸宗と専修念仏の教えの優劣は互角であったが、実践する人の資質と能力についての論議は、自分の方が勝っていた」と、のちに法然は述懐している。

やがて満座の聴衆は納得し、顕真の先導で三日三晩高声に念仏を称えたという。

世に「大原談義」と呼ばれるこの討論は、仏教界において浄土教を広く認知させるに至り、法然の名を広く知らしめることになった。

大原談義に集った南都北嶺の人々

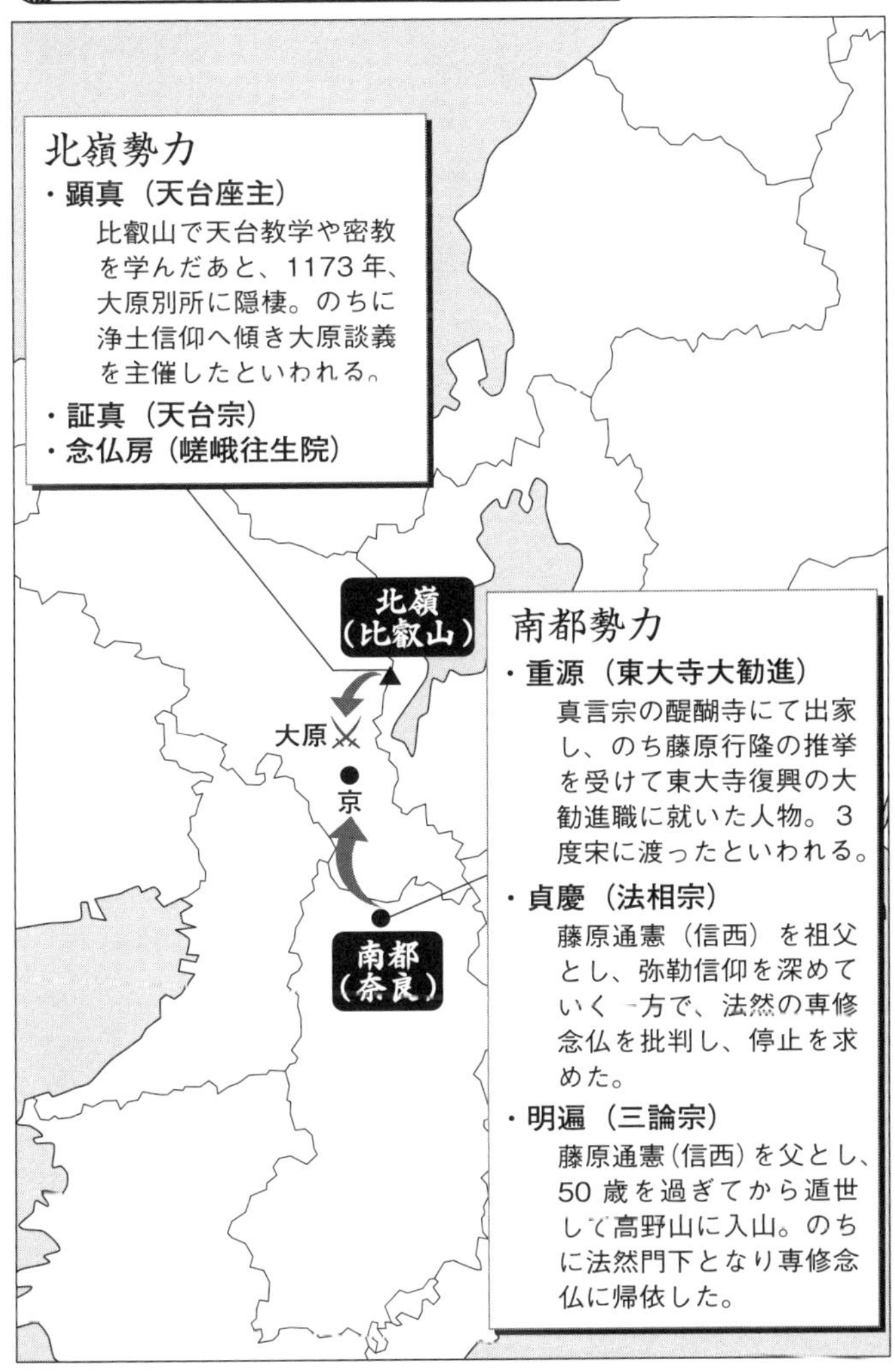

北嶺勢力
・顕真（天台座主）
比叡山で天台教学や密教を学んだあと、1173年、大原別所に隠棲。のちに浄土信仰へ傾き大原談義を主催したといわれる。
・証真（天台宗）
・念仏房（嵯峨往生院）
北嶺（比叡山）
大原
京
南都（奈良）
南都勢力
・重源（東大寺大勧進）
真言宗の醍醐寺にて出家し、のち藤原行隆の推挙を受けて東大寺復興の大勧進職に就いた人物。3度宋に渡ったといわれる。
・貞慶（法相宗）
藤原通憲（信西）を祖父とし、弥勒信仰を深めていく一方で、法然の専修念仏を批判し、停止を求めた。
・明遍（三論宗）
藤原通憲（信西）を父とし、50歳を過ぎてから遁世して高野山に入山。のちに法然門下となり専修念仏に帰依した。

天台座主顕真が大原に招いたのは、南都の諸寺の権威ある高僧たち。彼らは法然の教えを警戒し、様々な質問をぶつけた。

「浄土三部経」の講説

東大寺において南都仏教の権威に示された専修念仏の優越性

東大寺勧進職の重源

法然の名が世間に知れ渡る契機となった「大原談義」から四年後の一一九〇（文治六）年、法然は東大寺勧進職の重源より依頼を受け、工事半ばの東大寺大仏殿の軒下で「浄土三部経」（『無量寿経』、『観無量寿経』、『阿弥陀経』）の講説を行なった。

東大寺は一〇年前、かの平重衡による南都焼き討ちに遭い、大仏殿もろとも灰燼に帰したが、焼失の翌年には左大弁・藤原行隆が造寺造仏の長官となり、再建に取りかかっていた。その勧進職に就いたのが重源である。一説によると、行隆は当初法然に勧進職を依頼したが、法然はその器ではないと固辞して重源を推挙したとも伝えられる。

重源は若年の頃に山岳修行を重ね、宋から帰朝後、一〇〇万遍の念仏などを勧めた念仏信仰の系譜に連なる僧で、自ら南無阿弥陀仏と称し、念仏の縁で法然とも交流を持っていた。重源は勧進職に就くと各地をまわって良材を求め、自ら用材の選定を行なうなど、東大寺の再建に力を尽くしていた。大原談義にも参加していた重源は奈良の人にも念仏の縁を結ばせたいと考え、法然を招いて、講義を行なおうと計画したのである。

専修念仏が優れている理由

だが、重源の意に反して、講義当日は南都碩学（せきがく）や大衆が詰めかけ、ものものしい雰囲気だったという。というのも彼らは自宗の教義を質問し、もし法然の解答に誤りがあれば恥をかかせてやろうとてぐすね引いて見守っていたからである。

重源と東大寺再建の年譜

752（天平勝宝 4）年	大仏開眼供養が行なわれる。
754（天平勝宝 6）年	唐僧鑑真により大仏殿前に戒壇が設けられる。
1180（治承 4）年	平重衡の軍勢により、東大寺、興福寺などの諸堂が炎上。
1181（養和元）年	俊乗房重源、東大寺勧進職に就任し、大仏の修理・大仏殿の再興を図る。
1185（文治元）年	源頼朝、重源に米 1 万石・砂金 1000 両・上絹 1000 疋を送り、再興を助成する。
1190（建久元）年	大仏殿上棟式が催され、後白河法皇ら結縁する。
1195（建久 6）年	大仏殿落慶供養が行なわれ、後鳥羽天皇、将軍源頼朝らが列席する。
1199（正治元）年	南大門が上棟されて仁王像が完成。東大寺総供養も催される。
1206（建永元）年	俊乗房重源、浄土堂にて入寂する。

重源が尽力した東大寺の再建には、朝廷や幕府も多大な寄付を寄せ、源平合戦終結前から再建が進められていた。

法然は阿弥陀仏の画像と観経曼荼羅の影像を供養し、専修念仏の教えを「浄土三部経」に基づいて説いた。そして、南都諸宗や天台宗、真言宗の教えはその姿のまま速やかに仏になる頓教の教えであるというが、修行の未熟なものは仏になることができない。それに対し、念仏の教えは、念仏を称えることでありのままの姿で浄土に往生できる、頓教のなかでもより速やかに悟りを得る教え（頓中の頓）であり、ほかより優れた教えであると説いた。つまり称名念仏こそ凡夫が極楽に往生する最適の方法だと披瀝したのである。

さらに、浄土宗は師匠から直接教えを受け継いだ相承血脈もなく、善導の注釈と自己の体験に基づき教えを確立したものであると説いて、既存宗教の僧たちを驚かせている。

また、女人往生についてもこの講説のなかで説かれ、聴衆に衝撃を与えた。それまでの仏教では女性は、過ちや障りが多いため往生することができないとされていた。しかし法然は、弥陀は男女を問わず救うと誓っており、女性も往生できると説いたのである。

この東大寺での講説は専修念仏の教えを説く法然の立場を南都の諸宗に対して明確に宣言したものとなった。この時にはまだのちに『選択本願念仏集』において確立されるような法然独自の体系が出来上がっていたわけではないが、この頃から法然は人々に積極的に教えを説き始めている。

コラム 法然の問答　重源と東大寺十問答

東大寺講説の翌年、重源が出した十か条の質問に法然が解答をよせたのが、「東大寺十問答」である。東大寺十問答での法然の解答についていくつか見てみよう。

まず「念珠(ねんじゅ)は必要か」という念仏の称え方を問う質問に対し、法然は、「念珠は拍子をとりながら舌と手を動かすもので、必ず持つべきでしょう」と答えた。また、阿弥陀仏の救いは一度照らされたならば消えることがないのかという質問に対し、日々の念仏をやめたら阿弥陀仏は何を頼りに照らすことができるのかと否定。別の質問において、念仏を一遍称えたら以後は称えなくても往生できるのだという思い込みを否定している。

南都の諸寺

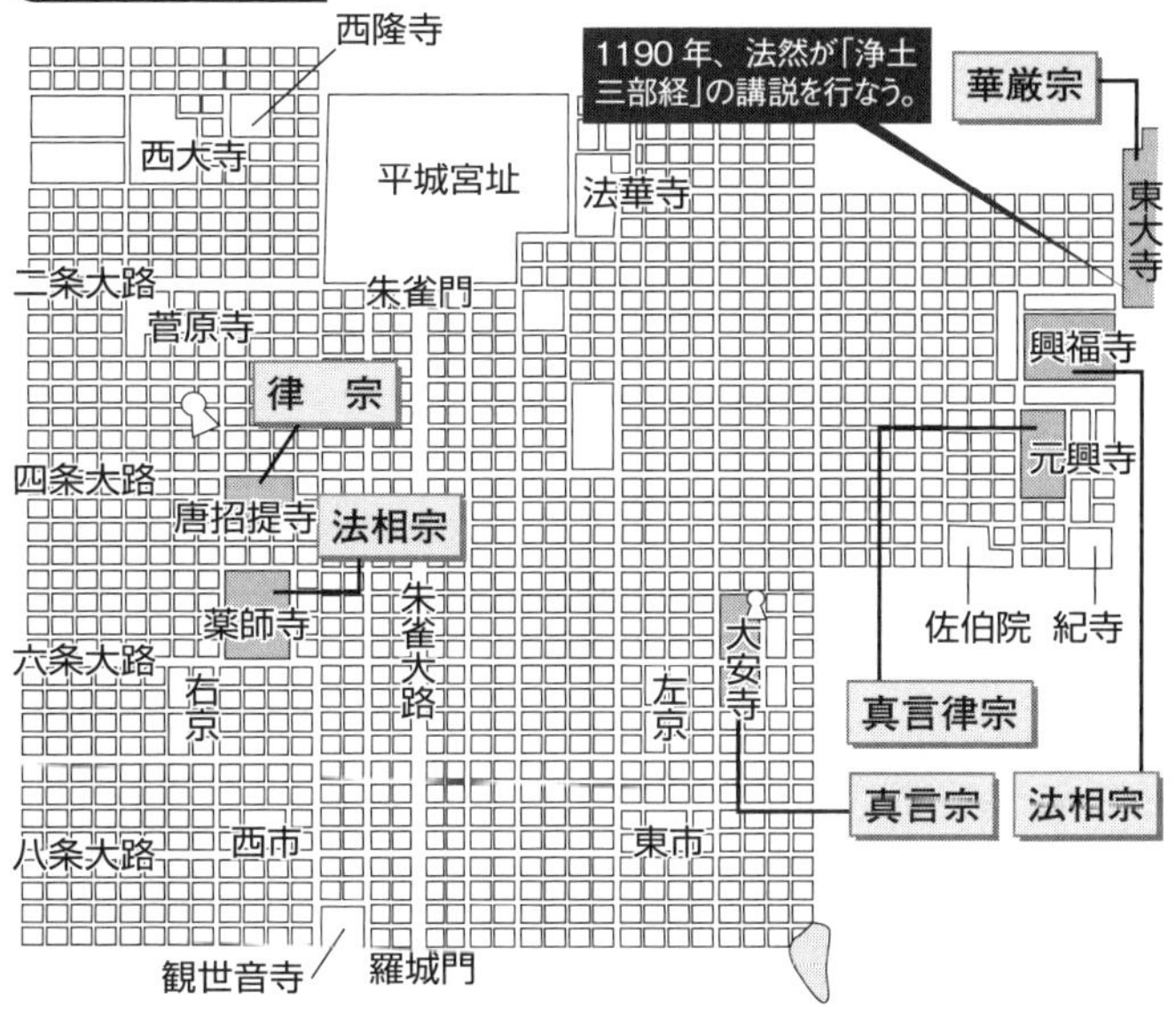

再建かなった東大寺において開かれた「浄土三部経」の講説には、法然を論破しようと、南都の諸寺から多くの僧が集まったという。

中原師秀への逆修説法

阿弥陀来迎の理由と浄土門の教えを示す

聖道門と浄土門

法然の教えと浄土宗は一一九四（建久五）年頃、ひとつの大きな転換点を迎えている。法然の専修念仏に耳を傾け、帰依する人が増えるに連れ、法然の教えを中心に新しい勢力となり、教団が組織化されるようになっていく。法然自身にも浄土宗として新たな教義を体系化しようとする姿勢が見え始めていた。

そのひとつが思想の展開である。それは弟子安楽房遵西の父少外記禅門中原師秀の求めに応じて行なった逆修説法によく現われている。逆修法会とは死後、極楽往生を目指して生前にあらかじめその功徳を積んでおく法要である。法然は師秀が造立した来迎引接の相を持つ三尺の阿弥陀仏像の前で、導師を務め、遵西、感西らが見守るなかで五〇日間の説法（法然の説法は六座）を行なった。

この時法然は、新たな教えを種々披瀝している。そのひとつが一代仏教の分類を示す教判の転換である。かつて東大寺で行なった講説では、仏教における専修念仏の位置づけを頓教と

浄土門と聖道門

	【専修念仏】	【旧仏教】
浄土三部経の講説（1190年）	未熟な者であっても、念仏を称えるだけで速やかに極楽往生できる「頓中の頓」である。	修行することで、その姿のまま仏になる「漸教」や「頓教」の教えである。
中原師秀への逆修説法（1194年頃）	現世を脱して極楽浄土に生まれ変わることができる救いの道、「浄土門」の教えである。	この世界において、迷いを取り去って悟りを開く、「聖道門」の教えである。

法然の教えは、問答や説法を繰り返すなかで、徐々に進化を遂げていく。

法然の弟子たち

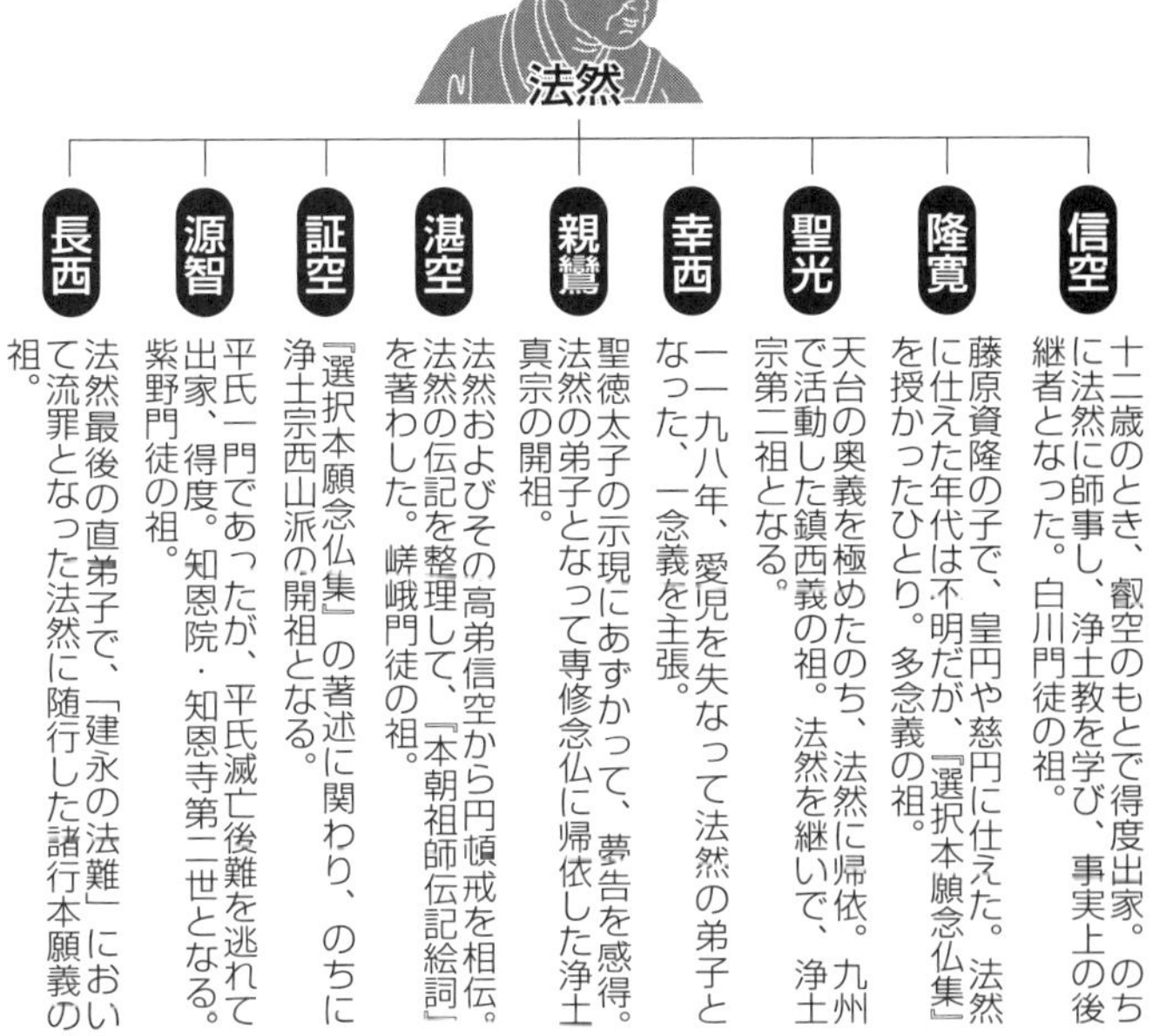

法然
信空
十二歳のとき、叡空のもとで得度出家。のちに法然に師事し、浄土教を学び、事実上の後継者となった。白川門徒の祖。
隆寛
藤原資隆の子で、皇円や慈円に仕えた。法然に仕えた年代は不明だが、『選択本願念仏集』を授かったひとり。多念義の祖。
聖光
天台の奥義を極めたのち、法然に帰依。九州で活動した鎮西義の祖。法然を継いで、浄土宗第二祖となる。
幸西
一一九八年、愛児を失なって法然の弟子となった。一念義を主張。
親鸞
聖徳太子の示現にあずかって、夢告を感得。法然の弟子となって専修念仏に帰依した浄土真宗の開祖。
湛空
法然およびその高弟信空から円頓戒を相伝。法然の伝記を整理して、『本朝祖師伝記絵詞』を著わした。嵯峨門徒の祖。
証空
『選択本願念仏集』の著述に関わり、のちに浄土宗西山派の開祖となる。
源智
平氏一門であったが、平氏滅亡後難を逃れて出家、得度。知恩院・知恩寺第二世となる。紫野門徒の祖。
長西
法然最後の直弟子で、「建永の法難」において流罪となった法然に随行した諸行本願義の祖。

法然のもとには黒谷に隠棲した頃から、弟子たちが集まり始めていた。彼らは師の死後、その教えを広める重要な役割を果たす。

漸教のふたつの概念で説いた。

しかしこの「逆修説法」ではその概念を転換し、善導の師である道綽の『安楽集』に示す悟りの道の「聖道門」と、救いの道の「浄土門」というふたつの概念（聖浄二門判）に置き換えて説いた。これは前者がこの世において修行を重ねて煩悩を断ち切り、悟りを得ることで仏になる教えであり、後者がこの世を出て極楽浄土に生まれ、そこで悟りを開く教えである。

法然が追い求めていたのは、ひとえに誰もが往生できるか否かであった。様々な修行を積んで仏になる教えは尊いが、誰にでもできるものではない。出家した個人が理論を追い求めていた平安時代ならばそれでよしとされたが、多くの人々が救いを求める法然の時代においては、現実に即した実践的な教えが必要とされており、法然は後者を万人を救う道と定めたのである。

法脈を明らかにして歴史性を主張

また、東大寺の講説では、師から直接教えを受け継いだ師資相承の系譜はないとしていた教えの系譜を明らかにし、「今相伝して浄土宗と名づく」と宗名を明確にしている。

その系譜は菩提流支三蔵―恵寵法師―道場法師―曇鸞法師―法上法師―道綽禅師―善導禅師―懐感禅師―少康法師と連なる法脈であり、法上までは『安楽集』に見えると初七日の講説で明らかにしている。浄土宗などは存在しないという人もいたためか、法然は元暁（がんぎょう）の『遊心安楽道（ゆしんあんらくどう）』などを示し、中国にも浄土宗の一派があったことを指摘して法脈の正しい歴史を持つ宗派であることを主張している。そして、五七日の講説では恵寵・道場・法上を除いた曇鸞から少康までを中国浄土五祖（ごそ）に選んだ。

このほか、「選択」という用語の初出や、私たちを正念に導くために阿弥陀仏が来迎（らいこう）されるなど、種々の新しい教えを提示している。

浄土宗の法脈

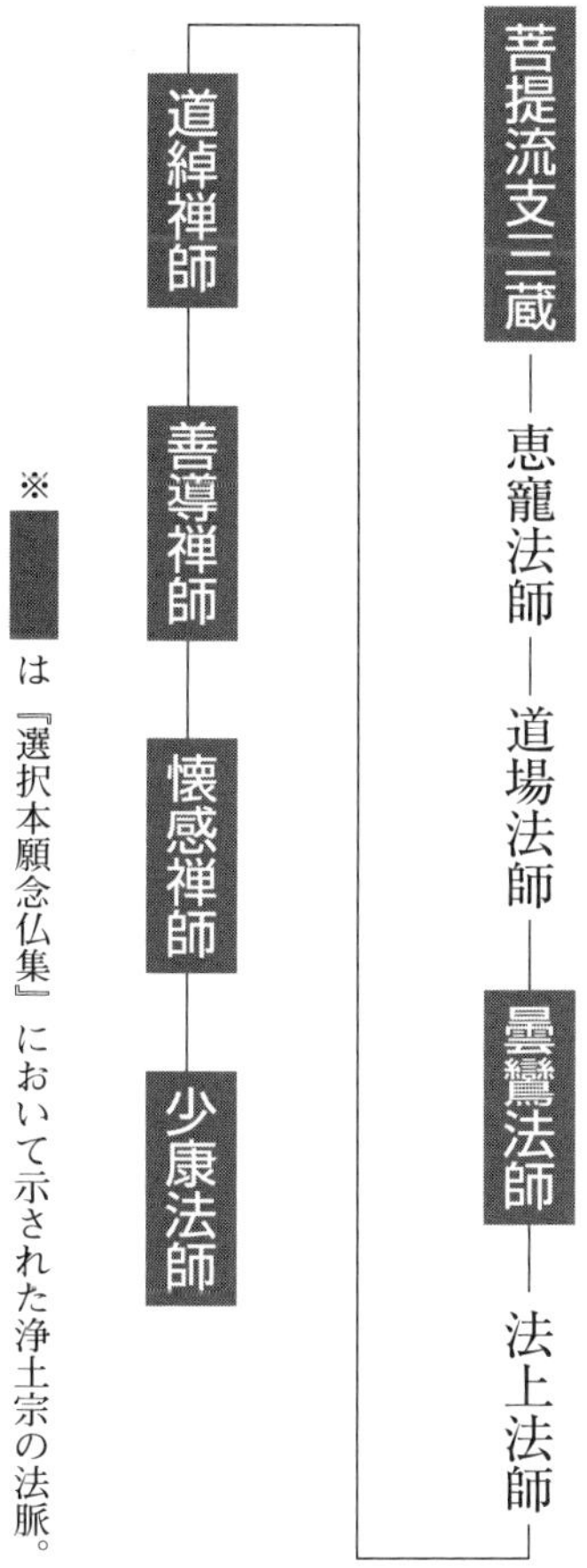

菩提流支三蔵—恵寵法師—道場法師—**曇鸞法師**—法上法師
—**道綽禅師**—**善導禅師**—**懐感禅師**—**少康法師**

※■は『選択本願念仏集』において示された浄土宗の法脈。

浄土宗の法脈を集成したのが『選択本願念仏集』である。浄土宗には慧遠、慈愍、道綽・善導の三流があるとし、さらに道綽・善導の流れについては二流あり、そのうちのひとつとして、菩提流支—曇鸞—道綽—善導—懐感—少康を挙げている。

第二章 念仏の広まり

『選択本願念仏集』の撰述

九条兼実の依頼を受けて成立した法然の代表作

九条兼実との交流

法然のもとには貴賤を問わず帰依する人が増えていった。そのなかの公家の代表格が九条兼実である。兼実は摂政関白藤原忠通の息子で、平氏全盛の時代は不遇をかこっていたが、源頼朝の信頼を得て、摂政、関白、太政大臣をつとめた朝廷の実力者であった。

兼実がはじめて法然を招き、その仏法に耳を傾けたのは一一八九（文治五）年八月、兼実四十一歳、法然五十七歳のときであった。それを機に何度も法然を屋敷に招いて教えを受けたが、兼実は当初、専修念仏に帰依したわけではなかった。受戒による病気平癒や邪気祓いの効験に期待したのである。

しかし受戒後、次第に専修念仏に傾倒していった兼実は、六十六歳の法然が重い病にかかって一命を取り留めた折、法然に万一のことがあった場合、念仏の教えが途絶えてしまうと心配した。そして法然に浄土の法門をまとめてほしいと要請する。念仏の教えをわかりやすく解き明かした教義書がほしいというのは信者の共通した思いであったのだ。

九条家と法然

得度前の勢至丸に出会い、只者ではないことを見抜いたという伝説を持つ

藤原忠通

覚忠（天台座主）
慈円（天台座主）
信円（興福寺別当）
恵信（興福寺別当）
兼房
兼実
基房（松殿）
基実（近衛家）

『愚管抄』を著わす。

念仏の師とする。

弟子のひとり証空が天台を学ぶために師事する。

授戒。

法然

任子（宜秋門院）
良経
良通

念仏宗を保護する。

九条兼実像。
九条家の人々は、法然と密接な関係を持ち続け、重要な庇護者となった。

法然も死をも覚悟するような病を経て、教えを書き残しておかなければならないという思いを募らせたと思われる。

浄土宗の聖典が完成する

兼実の要請を受けて法然は早速弟子を動員して撰述に取り掛かった。その草稿執筆にあたり、全文を法然が記したわけではなく『選択本願念仏集』という題と、「南無阿弥陀仏　往生之業念仏為先」の計二十一文字のみが法然の自筆で、残りは法然の口述を弟子が筆記したものである。

このとき、執筆に関わった弟子には遵西と感西がいる。法然は当初、遵西に執筆役を命じたが、第三章までを書写した遵西がこれを誇らしげに語っているのを聞き、遵西の驕慢な心を知って執筆役を感西に替えたという。そのほか証空が典籍を調査する勘文の役をつとめ、後半の執筆にも加わっていたという説もある。

ここで法然が書名にした「選択本願念仏」とは、すべての人々を救おうとされる阿弥陀仏が、念仏以外の行を選び捨て、ただひたすらに念仏せよと私たちに選び示されていると、本願念仏の真義を解き明かしたものである。

こうして一一九八（建久九）年に完成したのが『選択本願念仏集』であった。

法然が心血を注いで撰述したこの書の末尾は「仏法をそしる人が悪道に堕ちるように、念仏を批判した人も悪道に堕ちる。そのようなことのないよう、ご覧になった後は壁のなかに埋め、人目につかないようにしてほしい」という慎重な一文で締めくくられている。この言葉が物語るかのようにこの書は弟子たちのなかでも信頼できる者だけに書写を許可されることから広まっていった。

言うまでもなく、この『選択本願念仏集』は浄土宗第一の聖典となり、その草稿本は京都の廬山寺に所蔵されている。

なお、この著述の契機をつくった兼実は一二〇二（建仁二）年、法然を戒師として出家し円証と称した。こうして兼実自身も専修念仏者となったのである。

『選択本願念仏集』の執筆と広まり

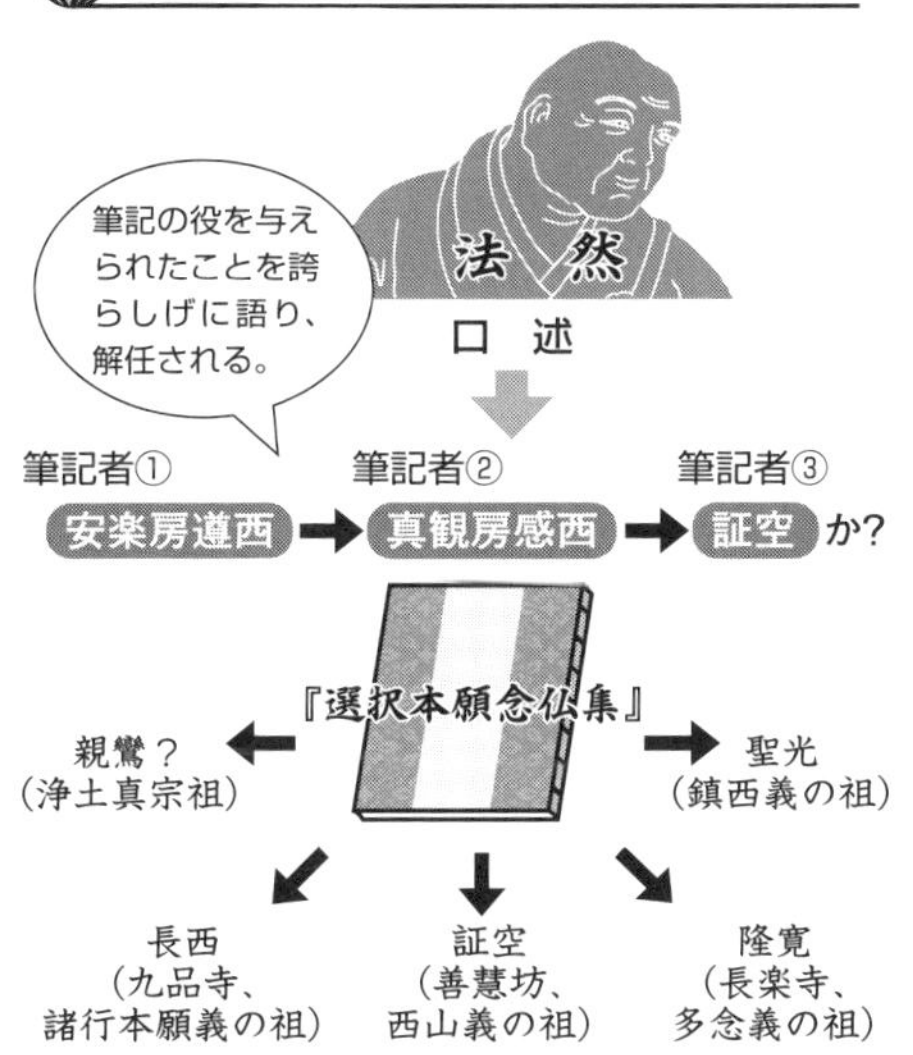

『選択本願念仏集』は、まず５人の弟子に書写を許され、その後信頼できる信徒の間で広まっていったと言われている。

こらむ

二十五霊場を巡る③

比叡山黒谷青龍寺

女人禁制ゆえに番外とされた法然求道の聖地

良源が創建した青龍寺は女人禁制であったため二十五霊場巡拝では札所番外とされているが、法然ゆかりの由緒ある寺である。

比叡山に入った法然は十八歳の時、黒谷にある青龍寺の叡空のもとに入門し、法然房源空と名乗った。以後二〇年間、ここで生活し、法門を開く意志を固めた聖地である。そのため「浄土宗根本の霊地」と呼ばれる。

織田信長の比叡山焼き討ち以前には法然房の建物や法然の墓もあったと伝えられる。

現在も青龍寺は比叡山西塔にあり、知恩院のおてつぎこども奉仕団の研修や念仏道場として賑わっている。

【和歌】
たつ杣や　南無阿弥陀仏の
声引くは　西にいざなう　秋の夜の月

アクセスデータ

大津市坂本 4220／三条京阪駅より京阪バスで「比叡山根本中堂」下車、徒歩約 30 分

第三章
専修念仏の教え

法然教団の形成

吉水から全国に広まった専修念仏の教え

法然を支えた父母の家系

法然の専修念仏の教えは、僧俗を問わず細々と信仰を育くんでいた浄土教者たちを糾合して拡大をはじめ、やがて教団が形成されていく。

その際、まず援助の基盤になったと推測されるのが、法然の血縁、父方の漆間氏と母方の秦氏である。法然の教えにまず耳を傾け、手を差し伸べたのは血縁の人々だったのではないかと思われる。

比叡山を下りた法然は、西山広谷、東山、嵯峨などに居住したが、西山広谷では自力で庵室を建て、その後も移築や修築を繰り返している。また、三条河原を死体が埋め尽くすような飢饉であっても、法然自身が食に事欠くほど困窮した形跡はない。やはり、有力な庇護者がいたと考えるべきだろう。

母方の血縁にあたる秦氏は、法然が最初に立ち寄った西山の粟生野一帯や、しばらくの間居住した嵯峨の太秦を中心とした一帯に平安京成立以前より居住し、様々な史料からも秦氏は

京都における法然の庇護者たち

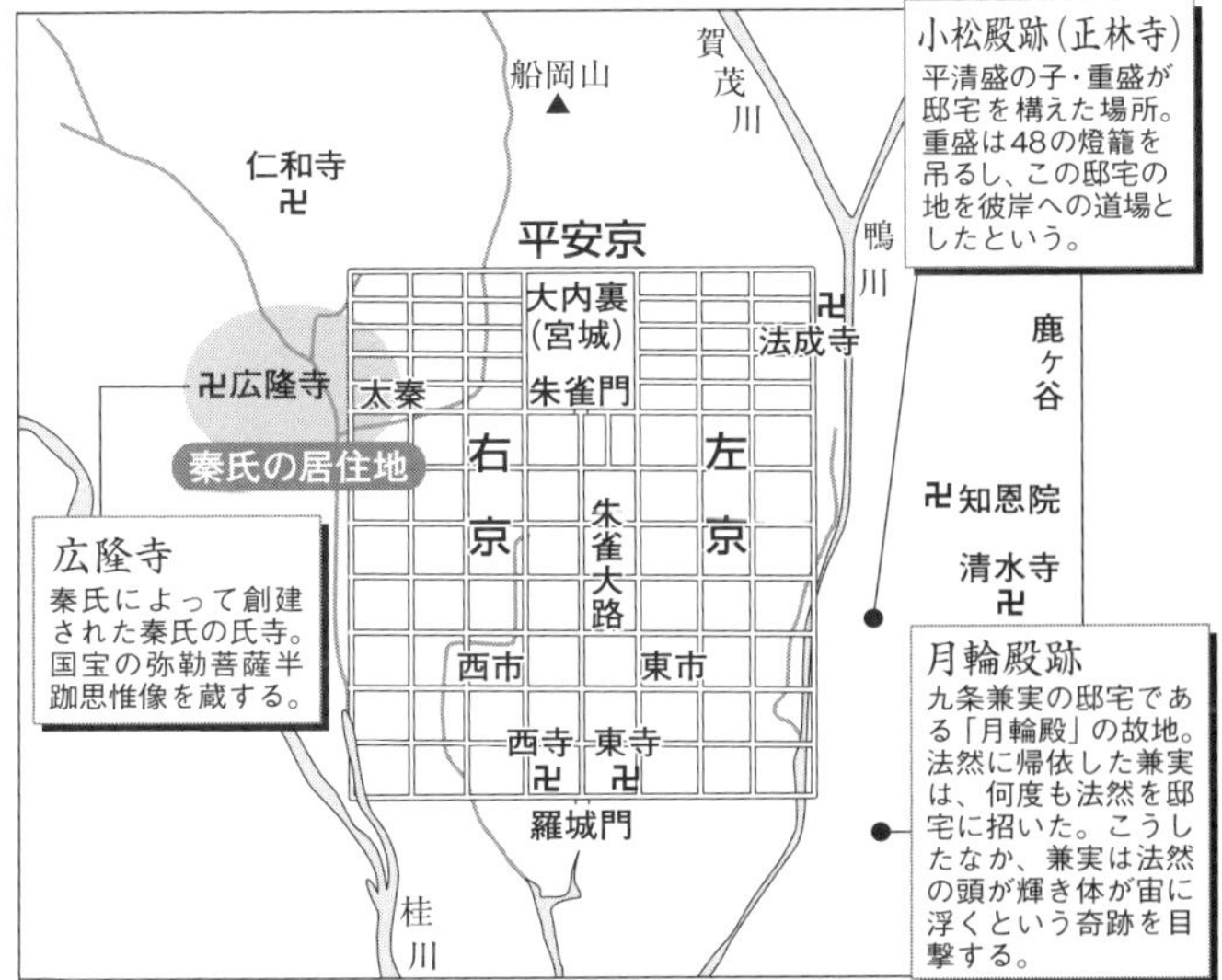

法然の専修念仏の教えが拡大する過程で媒介となったのが、法然の父母の家系である漆間氏及び秦氏であったと推測される。

伏見稲荷大社

千本鳥居で有名な稲荷大社も、実は秦氏の創建である。のちに空海の真言宗と結びつき、稲荷信仰は全国へと広まっていった。

のちのちまで法然の教団を側面から支える有力な支援者だったことが推測される。

一方、父方の漆間氏は美作の豪族だが、一族のうちに上洛していた人がいたらしい。こうした血縁者たちが法然の庇護者となり、下山直後の生活を支えていたと考えられる。

源氏にも受け入れられた念仏

法然は比叡山の黒谷にいた頃から、藤原行隆の子・信空や心寂という弟子を持っていたが、大原談義ののち、法然の身辺はにわかに活気づき、有力門弟や公家・武家などの有力者たちの帰依が増加した。九条兼実夫妻など法然を支える代表的存在となる人物も出てきた。

さらに時代が変わり、政権を握った武士に受け入れられたことも専修念仏の発展を促す契機となった。

ひたすら念仏を称えることで誰でも往生できると説いた念仏の教えは、所領を与えてくれる主君にすべてを捧げる武士の生き方に通じ、殺生をしても救われるという教えは、殺生を繰り返さねばならない戦いの世界に身を投じていた武士たちの願いに即したものであった。鎌倉の御家人たちにも念仏の教えが浸透し、関東の御家人層の専修念仏者は三〇人以上に上った。

法然はこれらの拡大に対し、熊谷次郎直実や津戸三郎為守の努力の甲斐あってのことと感謝の

武士の帰依者

熊谷次郎直実（法力房蓮生）	石橋山の合戦以降、源頼朝に従い平家追討に貢献した。平家の若武者平敦盛を討ち取った頃から仏道への心を強くし、伯父との所領争いののちに法然に帰依した。
津戸三郎為守（入道尊願）	1195（建久6）年、頼朝の東大寺供養にお供した折、法然上人を訪ねて入信した。法然没後、80歳の浄土往生を望んで割腹。その傷が元となって15日後に往生を遂げたという。
大胡隆義・実秀父子	鎌倉から室町にかけて上野国赤城山周辺で勢力を誇った武士で、鎌倉幕府の有力な御家人。隆義が京都滞在中に法然に帰依し、子の実秀やその妻も帰依した。法然の手紙が多く伝えられている。
那須与一	弓の名手として有名な源氏方の武者。屋島の合戦において扇の的を射抜いた逸話により名を高めた。しかし34歳で出家して、法然に弟子入り。西国を旅しながら戦死者の菩提を弔い続けたという。

専修念仏の教えは、源平合戦のなかで心を荒廃させた武士たちにも広く受け入れられた。

書状を送っている。

熊谷次郎直実は、『平家物語』でわが子と同年の平敦盛の首を討ったことで無常を感じて出家した話で有名な武士だが、実際は源頼朝の前で行なわれた所領争いの裁判において、敗訴したことをきっかけとして出家したといわれている。

さらにこの頃、法然に生涯従った源智や聖光などが弟子入りしている。

こうして法然の帰依者は増え、信仰の裾野は広がっていった。法然の弟子・源智が法然没後、その一周忌を期して玉桂寺の阿弥陀如来像を造立した際、四万六〇〇〇人が喜捨に応じ、造立時署名していることが、その事実を如実に物語っている。

第三章 専修念仏の教え

元久の法難

比叡山門徒により始められた専修念仏への弾圧

比叡山からの訴え

公家や武士といった支配者層に加え、庶民や女性にまで救いの手を差し伸べた専修念仏の教えは急速に浸透し、一二〇〇年代までに京都の信徒は三万～六万程度に膨れ上がったとされ、南都や比叡山の旧仏教を凌駕する勢力を形成しつつあった。

かつて大原談義や東大寺講説で法然の教えに感服した既存仏教の人々も、急速な浄土宗の発展に脅威の念を抱くようになった。

果たして一二〇四（元久元）年の一〇月、専修念仏への弾圧は天台宗からのつきあげという形で始まった。

比叡山各地から多くの僧が延暦寺大講堂の前に結集し、天台座主・真性に「法然の弟子には専修念仏の教えに名を借りて放埓な振る舞いをする者がいる」と念仏の停止を要求したのである。

これが元久の法難の始まりである。このとき、彼らが専修念仏の停止を天台座主に訴えたの

元久の法難関連地図

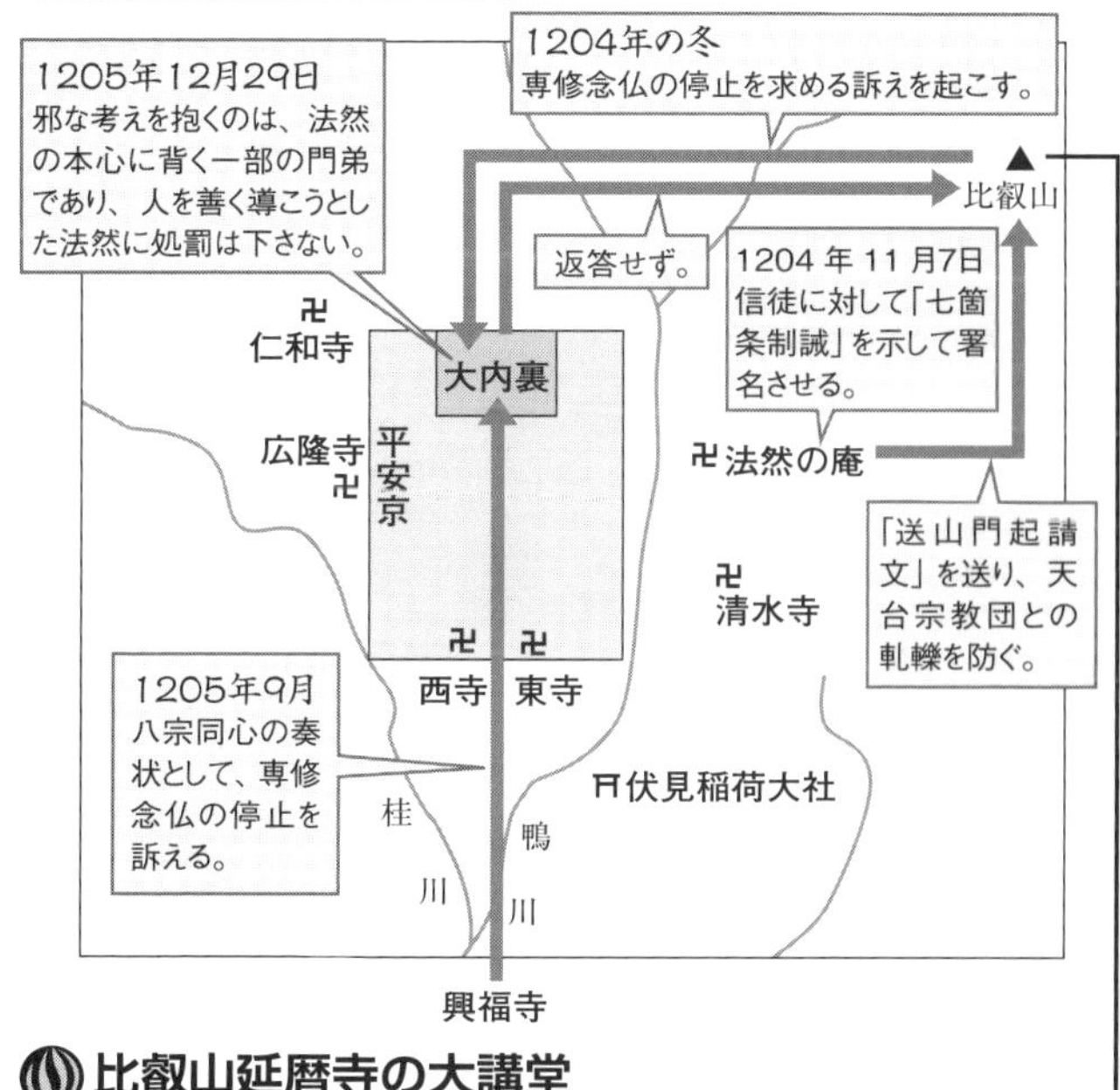

比叡山延暦寺の大講堂

1204 年の冬。この建物の前に東塔、西塔、横川から僧が集まり、専修念仏停止を天台座主真性に訴えた。

は、法然が天台宗の僧であり、天台宗の内部問題という意識があったからであろう。

法然は門弟たちを集めて、「七箇条制誡」に弟子一九〇名の署名をさせ、同時に法然自身の誓状を天台座主に送って、浄土宗の教えが他宗を否定するものでないことを示した。

このときは法然のこうした殊勝な態度と、時の摂政・九条良経の父にあたる兼実の弁護により、法難はいったん収まったかに見えた。

●念仏停止を訴えた興福寺訴状

ところが専修念仏に対する問題は、天台宗内部だけにとどまらず、仏教界全体の問題へと発展していく。翌一二〇五（元久二）年一〇月、今度は興福寺の僧がすべての宗派による「八宗同心の訴状」として、後鳥羽院に専修念仏の禁止を訴えたのである。この訴状は『興福寺奏状』と呼ばれ、奈良を代表する学僧貞慶が執筆したもので、専修念仏の九か条の過失をあげ、念仏の停止と法然の門弟の処分を要求した。

その内容は勅許を得ずして勝手に新宗を立てたことや、師匠から弟子に継承される相承がないこと、釈尊や日本の神々を軽視していること、観想念仏を否定して称名念仏を重んじ、戒行を軽んじていることなどである。

一念義とは

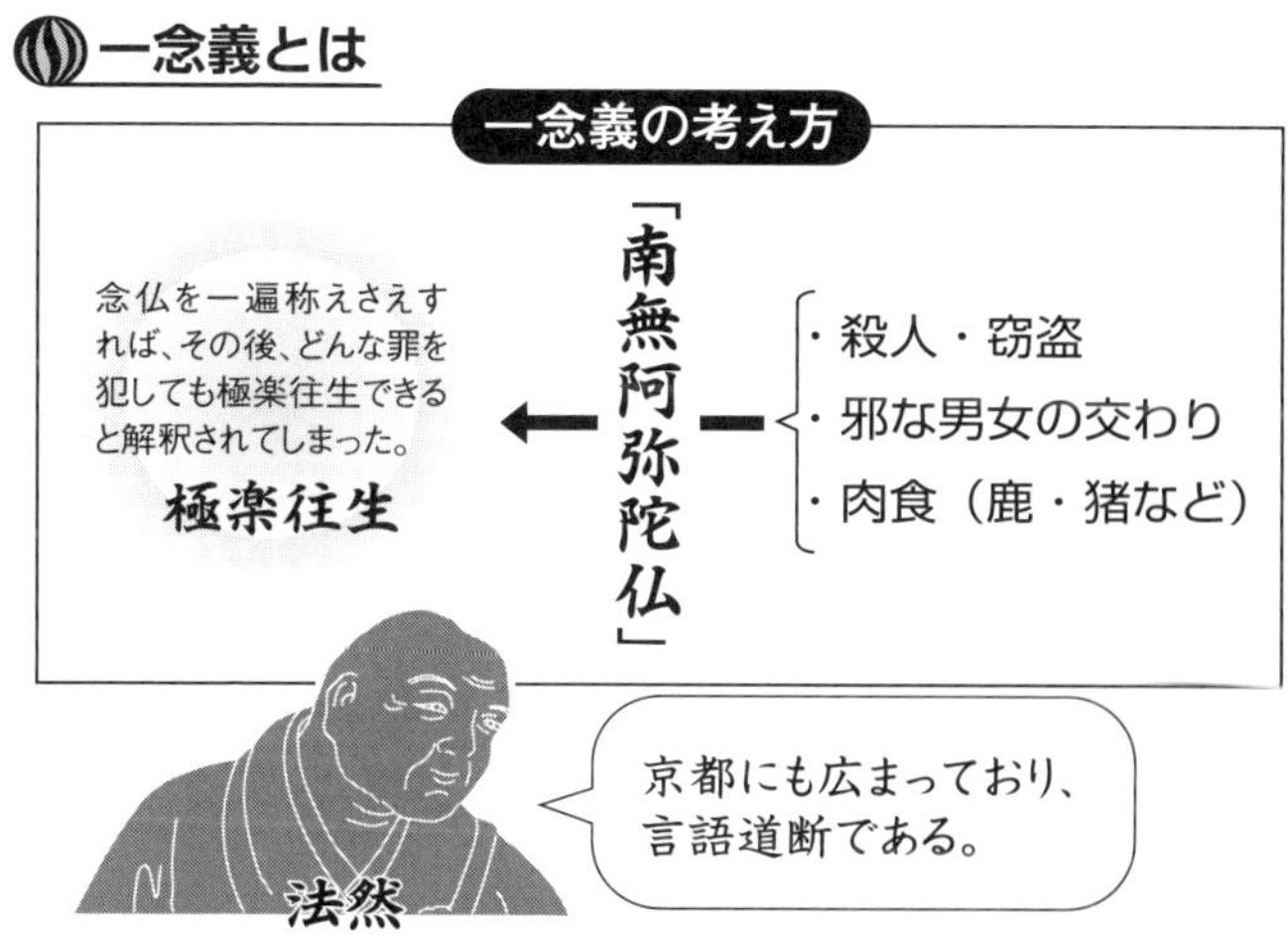

一念義の考え方は法然の思想とは異なっており、一念義を称える行空は法然に破門されてしまう。

既成宗教の訴えに対する宣旨が下ったのは、三か月後の十二月。「門弟のなかには邪な教えにとらわれた者がいて、専修念仏に名を借りて破戒の罪を犯している。これは法然の教えからは外れた考えだ」と、法然門弟の非を認める一方、専修念仏を庇護する内容で、結果的に念仏の停止は命じられなかったため、かえって興福寺側の不満を募らせた。

一二〇六（元久三）年二月、興福寺は立て続けに法然の弟子行空と遵西を、名指しで批判し召しだす御教書を蔵人頭の三条長兼に届けている。このうちの行空は、法然の思想とは異なる、念仏の相続を軽んずる一念義を提唱していた人物である。御教書を受けた法然は行空を「ことに不当」として破門した。

七箇条制誡

他宗から糾弾されるような門弟の行動に向けた七つの戒め

教えを曲解する門弟たちを戒めた制誡

一二〇四（元久元）年、比叡山が念仏停止を求めると、法然は門弟たちと善後策を相談した。

その結果、まず一二〇四（元久元）年十一月七日、門弟に向けて信空（しんくう）に書かせた「七箇条制誡（しちかじょうせいかい）」を示し、自ら署名すると、一九〇名にも及ぶ門弟に署名させている。

この「七箇条制誡」は、他宗から糾弾（きゅうだん）されるような門弟の行動に向けた七つの戒めを示したものである。

大要は、師の教えに背（そむ）いてむやみに他宗の教えを謗（そし）ったり、念仏によって往生できるからと故意の破戒を勧めたりして、世間の人を惑わすような行ないや説教を戒めた内容となっている。

比叡山からの弾圧に関して法然がまず考えたのは、門弟や信徒のなかに法然の教えを曲解して、誤った専修念仏を広める者たちが存在し、彼らの行動が弾圧の口実となっているということだった。

法然ゆかりの地に建つ知恩院

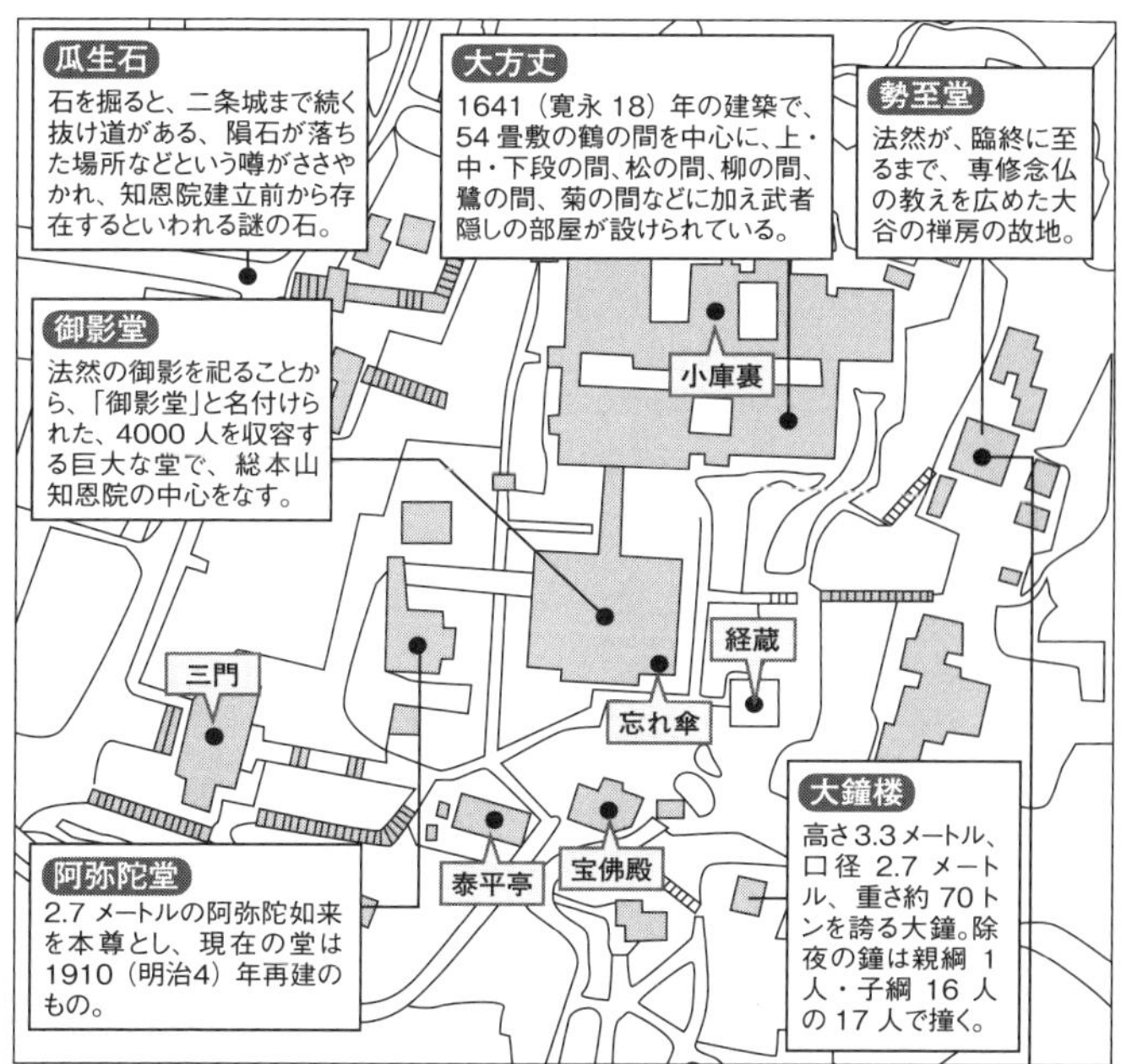

瓜生石
石を掘ると、二条城まで続く抜け道がある、隕石が落ちた場所などという噂がささやかれ、知恩院建立前から存在するといわれる謎の石。
大方丈
1641（寛永 18）年の建築で、54 畳敷の鶴の間を中心に、上・中・下段の間、松の間、柳の間、鷺の間、菊の間などに加え武者隠しの部屋が設けられている。
勢至堂
法然が、臨終に至るまで、専修念仏の教えを広めた大谷の禅房の故地。
御影堂
法然の御影を祀ることから、「御影堂」と名付けられた、4000 人を収容する巨大な堂で、総本山知恩院の中心をなす。
小庫裏
経蔵
三門
忘れ傘
大鐘楼
高さ 3.3 メートル、口径 2.7 メートル、重さ約 70 トンを誇る大鐘。除夜の鐘は親綱 1 人・子綱 16 人の 17 人で撞く。
阿弥陀堂
2.7 メートルの阿弥陀如来を本尊とし、現在の堂は 1910（明治4）年再建のもの。
泰平亭
宝佛殿

京都の知恩院は、1211（建暦元）年、帰洛を許された法然が入った大谷の禅房（現在の勢至堂）の故地。翌1212（建暦2）年、ここで入寂。遺骸は、住房の東崖の上（現在の本廟）に埋葬された。

法然七つの戒め

七箇条制誡

一、天台や真言の教説を軽んじ諸仏菩薩を誹謗しないこと

一、無智の身で有智の人と論争しないこと

一、別解・別行の人に対しそれらの行を捨てるように言わないこと

一、念仏の教えには戒行がなく造悪を恐れないなどと主張しないこと

一、自分勝手に受けとめた私義をとなえないこと

一、愚鈍の身をもって人々を教化しないこと

一、仏法ではない邪法を説いて正法としないこと

そもそも法然が専修念仏の道に入ったのは、聖道門（しょうどうもん）の価値を低いとみて見限ったわけではなく、万人が救われるようにと浄土門（じょうどもん）を選んだ結果であった。

しかし、仏教の学識が充分でない門弟や信徒のなかにはこの教えを曲解し、法然は聖道門を価値のないものとして否定していると考え、ことさら聖道門の教えや行（ぎょう）を批判し、軽んずる者たちが存在したのである。

制誡のなかで「この一〇年、仏教の学識のない愚かな人たちが多く集まるようになった。彼らは法然の説と称して勝手に他宗の教えを批判し、軽んじている」と嘆き、さらに「制誡に背くような人はわが門人ではない。もしそのような輩（やから）を見かけたら、できるだけ禁じ止めるので知らせて欲しい」とまで言い切り、強い姿勢で戒めている。

法然決死の起請文

一方、比叡山の弾圧に対しては起請文（きしょうもん）を送ることで対処している。

制誡と同じ日に、天台座主および比叡山を守る神・仏に誓うとして、弟子の聖覚（せいかく）に筆録させた起請文を比叡山に差し出したのである。

「私が虚偽の教えを説いたというのであれば糾弾されてしかるべきです。しかし、そうしたこ

戒められた信徒の行動

価値があるのは浄土門の教えのみであり、聖道門の教えは意味がない。

聖道門は釈尊の教えを否定したものであり、いくら修行を積んでも、この世界での成仏や極楽往生は叶わない。

浄土門

聖道門

［法然は易行道であるとし、教えとしても聖道門と同様の価値を持っている。］

［この娑婆世界で悟りを開くのははなはだ困難であるとしながらも、法然は釈尊の教えであることを認め、浄土門と同様の価値を持つと提言。］

法然の見解　殺生の罪や女犯の罪を犯した者であっても、そのことを素直に反省し、念仏を称えれば救われるが、念仏の教えを素直に受けとめることができない場合は、阿弥陀仏の救いにはあずかれない。

とは決してありません。そもそも自分は天台宗を忘れているわけではありません。私は教えの是非ではなく、人々の素質や能力が修行にたえられるかどうかを考えているのです」

と、専修念仏が天台宗を否定しているわけではないことを訴えている。そして、「叡山黒谷(えいざんくろだに)沙門源空(しゃもんげんくう)」と署名している。

そこに見られるのは比叡山との対決姿勢ではなく、何とか事を荒立てず、弾圧に対処したいと努めていた、法然の姿であった。

朝廷と興福寺との攻防の狭間で

興福寺側は念仏庇護の宣旨を不服としてなおも念仏の停止を求め続けた。

さらに追い討ちをかけるように一二〇六（元久三）年二月、法然の弟子行空と遵西を名指しで批判し召しだす御教書が蔵人頭の三条長兼のもとに届けられた。

こうした興福寺側の強硬姿勢に朝廷側も苦慮していたようだ。

まず長兼は訴状を書いた貞慶とは従兄弟にあたり、貞慶の訴えを長兼が裁く形になったのである。

また、興福寺は藤原氏の氏寺（うじでら）であり、藤原氏の長兼にとっても氏寺であるから、本来なら長兼は興福寺側の立場に立っていた。しかしその一方で長兼は念仏教団に同情的であったため、職務と自己の思いの間で板ばさみになってしまう。

長兼は公家たちの意見を聴取したが、公家たちも念仏を禁止すれば自分たちの身の上に罪業（ざいごう）の報（むく）いがふりかかってくるのではないかと恐れ、その処断を積極的に働きかける者は少なかっ

住蓮・安楽事件関連地図

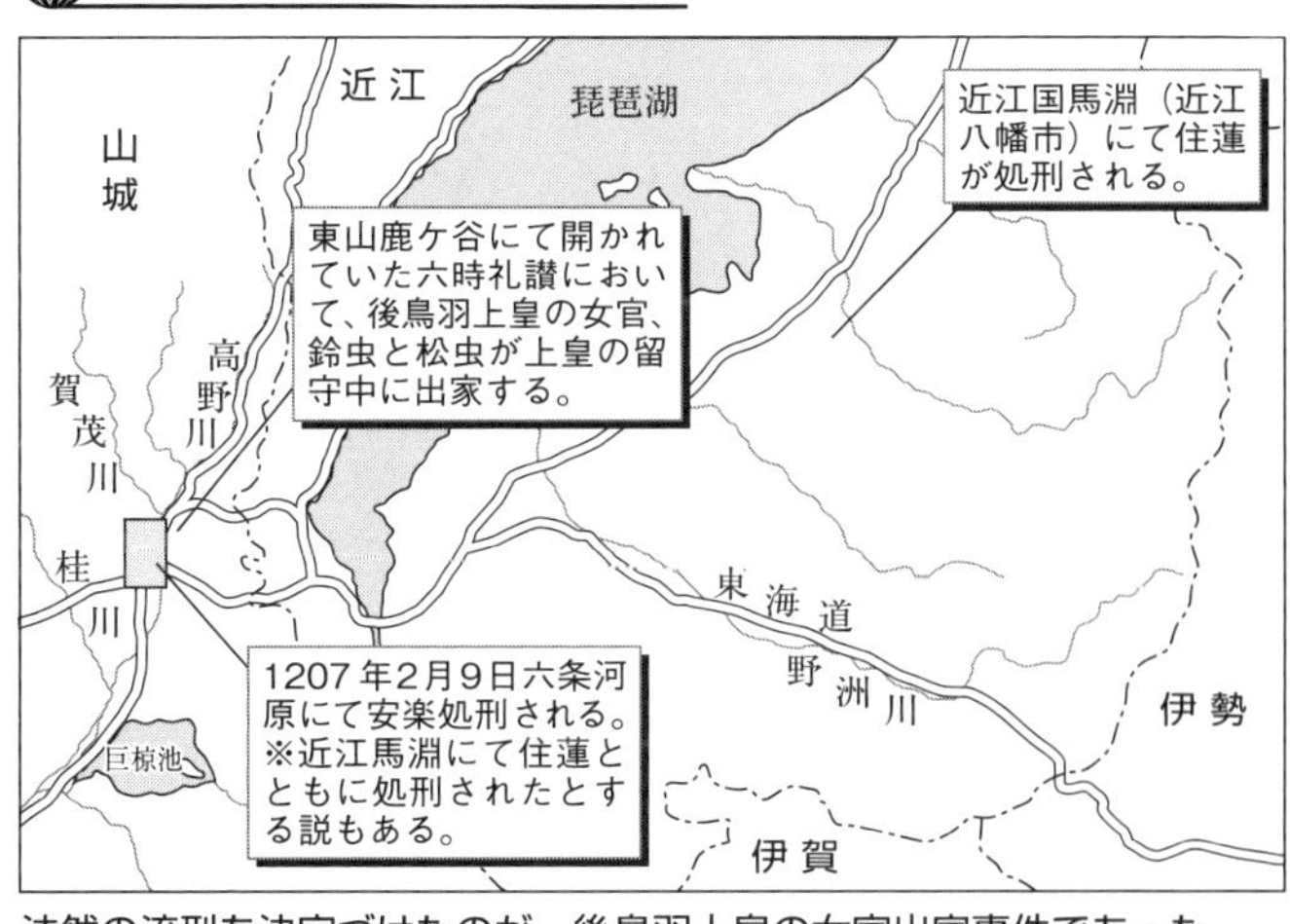

近江
琵琶湖
近江国馬淵（近江八幡市）にて住蓮が処刑される。
山城
東山鹿ケ谷にて開かれていた六時礼讃において、後鳥羽上皇の女官、鈴虫と松虫が上皇の留守中に出家する。
高野川
賀茂川
桂川
東海道
野洲川
1207年2月9日六条河原にて安楽処刑される。※近江馬淵にて住蓮とともに処刑されたとする説もある。
巨椋池
伊勢
伊賀

法然の流刑を決定づけたのが、後鳥羽上皇の女官出家事件であった。

た。何より、後鳥羽上皇が専修念仏に一定の理解を示し、ことを穏便に済ませたいと考えていたため、朝廷側では何とか興福寺側も納得させつつ、専修念仏を救う方法はないかと思案に暮れていたのが実情であった。

そんななか九条兼実の息子で摂政の九条良経（よしつね）が急死したことから問題が一時棚上げされたが、興福寺側は法然寄りの良経が死去したことを好機と捉（とら）え、速やかに念仏停止の宣旨を下すことを要請してきた。

女官出家が契機となった建永の法難

こうして第二の弾圧が迫りつつある緊迫した情勢のなか、法然は内大臣西園寺実宗（ないだいじんさいおんじさねむね）の戒師（かいし）を勤めたりしているが、その心中は穏やかでなかったろう。

そしてついに十二月、専修念仏への弾圧を決定的にする事件が起きた。

後鳥羽上皇が熊野に参詣中、留守を預かる女官の松虫と鈴虫が、法然の門弟安楽と住蓮が主催した「六時礼讃」の法要に参加し、出家してしまったのである。六時礼讃は善導の『往生礼讃』に節をつけ、昼夜を六つに分けて礼拝と讃歎を行なう法要儀式で、その哀歓を帯びた声に感銘を受ける者が多く、女性の支持者も多かった。

さらに安楽が女官と密通したという讒言を上皇の耳に入れる者までおり、上皇は激怒。ついに朝廷による専修念仏への弾圧が始まった。

まず、女官出家の発端をつくった住蓮と安楽は処刑と決まった。

翌一二〇七（建永二）年二月九日、安楽は六条河原で「六時礼讃」の日没礼讃を唱え、しばしの念仏を称えた後、処刑された。また、住蓮は同じく六条河原で処刑されたとも、近江の馬淵（滋賀県近江八幡市）で処刑されたとも伝えられている。

さらに法然も責任を免れず、二月二十八日には四国の土佐への配流が決定。流罪にあたり還俗を命じられ、藤井元彦の俗名をつけられた。

法然の流刑に至る弾圧を「建永の法難」と呼ぶ。

法然配流決定に至る経緯

元久の法難	1204(元久元)年	冬	比叡山による専修念仏停止の訴えが出る。
		11月7日	法然、「七箇条制誡」を示す。
	1205(元久2)年	9月	興福寺奏状が出される。
		12月29日	法然を罰しないとする宣旨が下る。

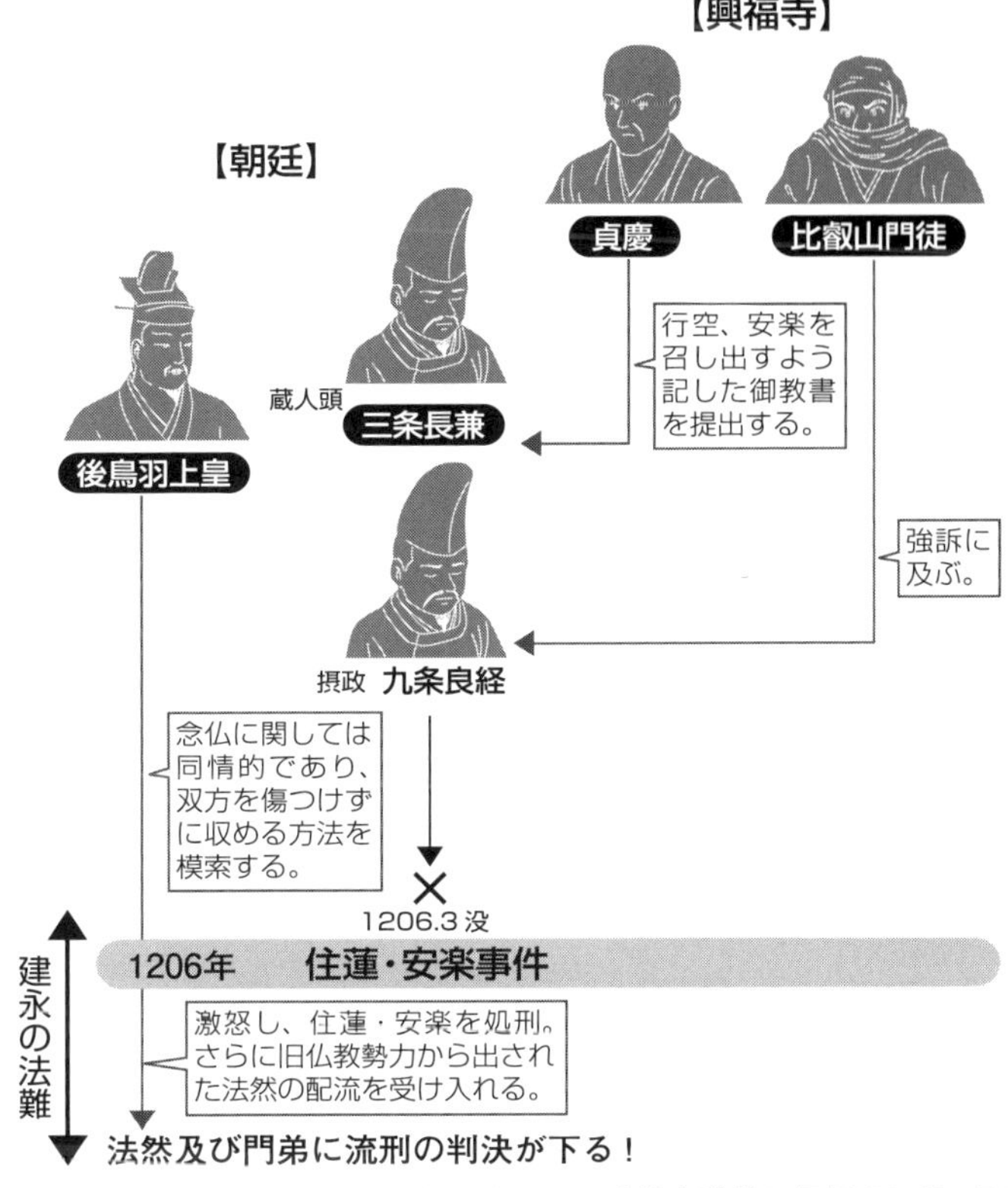

法然の配流に至るまでには、朝廷内にある法然庇護者と興福寺などの反専修念仏勢力の間のせめぎ合いがあった。こうしたなかで法然の配流を決定づけたのが、「住蓮・安楽事件」であった。

四国流罪

配流の道すがら念仏教化を続け、様々な人々と縁を結ぶ

九条兼実との今生の別れ

四国の土佐への配流が決定した法然は僧尼令の規定に基づいて還俗させられ、藤井元彦という名が与えられた。

このとき法然はすでに七十五歳。四国への流刑ともなれば、今生の別れとなる可能性もある。門弟たちが法然を心配することはひとかどではなく、表向きにだけ念仏を停止してはどうか、という提言さえもなされた。しかし法然は、「遠く離れていても念仏の同志は固く結ばれていることを忘れずに念仏を称えるべし」と励まし、「かねてから田舎の素朴な人たちに念仏の教えを勧めたいと思っていたが、今回このような形でそのご縁をいただいて長年の望みが叶うのは朝恩である」ときっぱりと答えている。

その後法然は、九条兼実とも別れを惜しんでいる。じつは弾圧が迫りつつあった前年七月に、法然は吉水から清水寺の南西にある小松殿に移り住んでいた。小松殿は兼実の所領であり、転居は専修念仏への迫害から法然の身を守ろうとした兼実の配慮であった。

弟子と法然の配流先

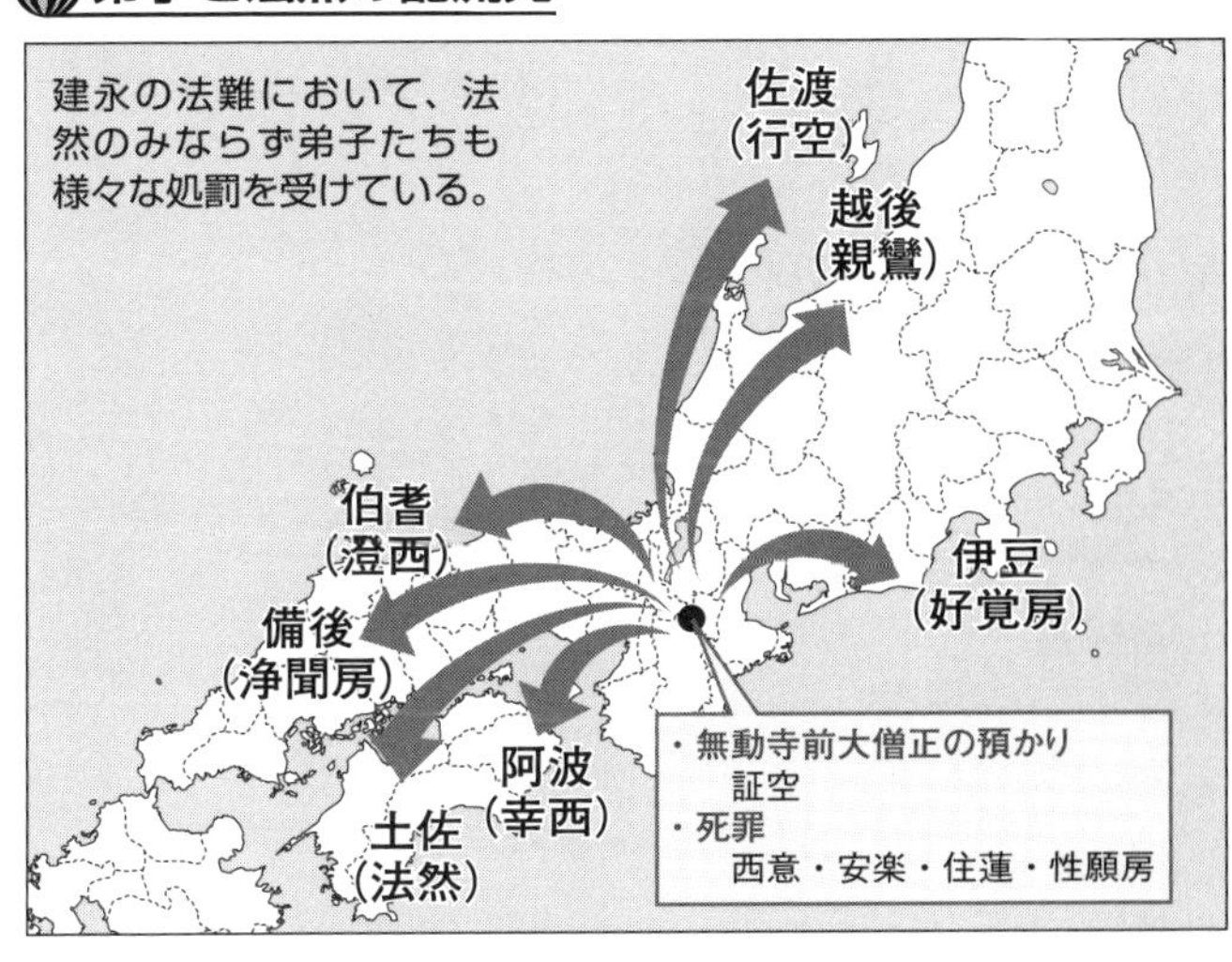

兼実は法然を法性寺に招き、最後の語らいを行なったという。法然は自分を救済できなかったことを悔やむ兼実に対し、浄土での再会を約束し、次の和歌を詠んで別れた。

露の身は　ここかしこにて　消えぬとも
心は同じ　はなのうてなぞ

その兼実は法然を見送ってから一か月も経たない四月七日に世を去っている。法然流刑の心痛は想像に余りあるものであった。

四国への道程で結んだ様々な縁

一二〇七（建永二）年三月十六日、法然は六〇人余りの門弟に見送られ、鳥羽の南の門から川船で淀川を下り、都をあとにした。

途中、摂津の経ヶ島（神戸市兵庫区）で村

人に、播磨の高砂（兵庫県高砂市）で漁師の老夫婦に、同国の室の泊（揖保郡）で遊女に教えを説いて導き、二十六日に塩飽島（香川県丸亀市）に到着した。この経路は源平合戦の戦場となった地をたどっている。法然は戦場で命を落とした人々を鎮魂する目的でこの経路を選んだのかもしれない。

塩飽島に到着した法然は、塩飽島の領主藤原氏（九条兼実）の指示によるものか、地頭の高階入道西忍の館で歓待を受ける。

西忍は法然の教えを聞いて帰依したという。その後、讃岐国小松庄（香川県仲多度郡）の生福寺に落ち着いた。

讃岐は九条良経の旧領であり、越後・土佐との交換の約束ができていたものの、法然の配流時にはまだ九条家の所領であった。こうした関係から、法然はこの後、配流先の土佐に赴かず、讃岐に滞在し続けた。おそらくこれは兼実の配慮により配流先が遠流の土佐から中流の讃岐へ変更されたと考えられるが、その際、あるいは弟子の誰かが土佐へ赴くことが認められたのかは定かではない。

いずれにしろ、法然は配流の身でありながらその道すがら自由に念仏教化を続け、多くの人々との縁を結んだのである。

コラム 法然の問答　室の泊の遊女との問答

法然が四国への旅の途中、室の泊に至った際、この地の遊女から「前世でどんな因縁があり、このような身の上になったのか。どうすればあの世で助かるのでしょうか」と教えを請われた。

法然は、「もし、ほかに世を渡る方法があるならばこの仕事をすぐにやめなさい。もし、ほかにあてがなく、身命を投げうち出家してでも仏道に生きようと思わないのであれば、ただ念仏を称えなさい。本願を頼んで念仏を称えれば極楽浄土に往生できることは間違いありません」と説いたという。遊女は感涙にむせんで法然に帰依したという。

法然の配流経路

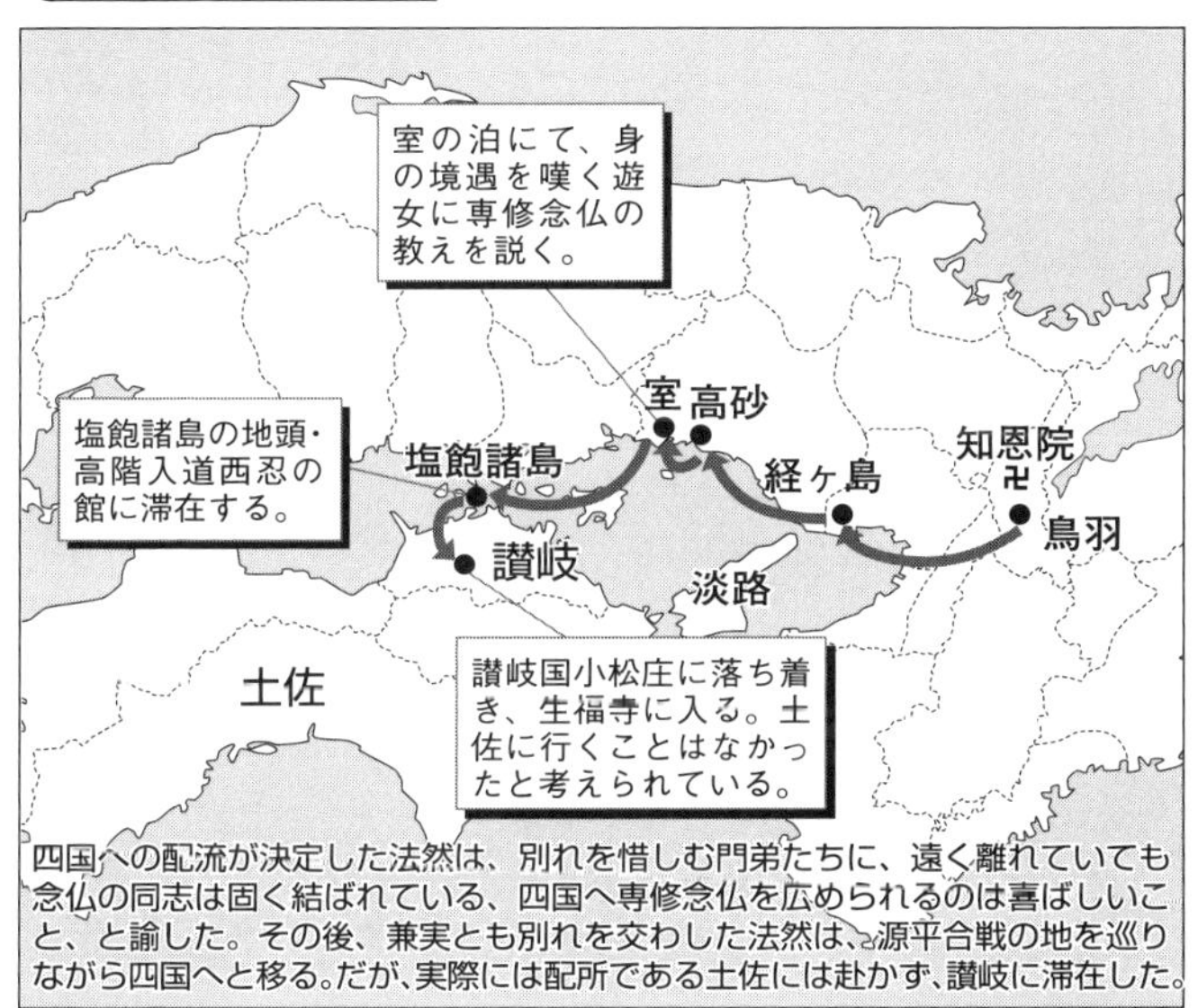

室の泊にて、身の境遇を嘆く遊女に専修念仏の教えを説く。
塩飽諸島の地頭・高階入道西忍の館に滞在する。
室
高砂
知恩院
塩飽諸島
経ヶ島
鳥羽
讃岐
淡路
土佐
讃岐国小松庄に落ち着き、生福寺に入る。土佐に行くことはなかったと考えられている。

四国への配流が決定した法然は、別れを惜しむ門弟たちに、遠く離れていても念仏の同志は固く結ばれている、四国へ専修念仏を広められるのは喜ばしいこと、と諭した。その後、兼実とも別れを交わした法然は、源平合戦の地を巡りながら四国へと移る。だが、実際には配所である土佐には赴かず、讃岐に滞在した。

赦免と往生

弟子たちに最後の教えを残し、大谷の禅房にて往生を遂げる

実現した法然の赦免

亡き九条兼実から法然の赦免を託されていた葉室光親は再三、後鳥羽上皇に赦免を懇請していた。法然の流罪は興福寺の圧力による名目的な部分が大きく、朝廷内にも法然に帰依している者が多かったため、門弟たちも赦免に期待を抱いていた。そのうち後鳥羽上皇が不吉な夢を見たのが契機となり、流罪から一年足らずの一二〇七（承元元）年十二月、最勝四天王院の御堂供養の折、法然に恩赦が下される。ただし洛中への出入りは禁じられたため、浄土教ゆかりの摂津国勝尾寺（大阪府箕面市）に入った。

ここで弟子たちの来訪を受けながら法然は、念仏三昧の生活を送るようになる。そして一二一一（建暦元）年十一月十七日にはついに帰洛を認める宣旨がくだされた。二〇日、五年ぶりに入洛した法然は、兼実の弟慈円の厚意により東山大谷の禅房に居を構える。慈円は三度、天台座主を務めたが、その間、兄の兼実が崇敬した法然に様々な配慮を行なっていた。法然の帰洛を多くの人が喜びをもって出迎えた。そしてその夜から参詣の人が長く続いて絶えなかっ

四国に残る法然伝説

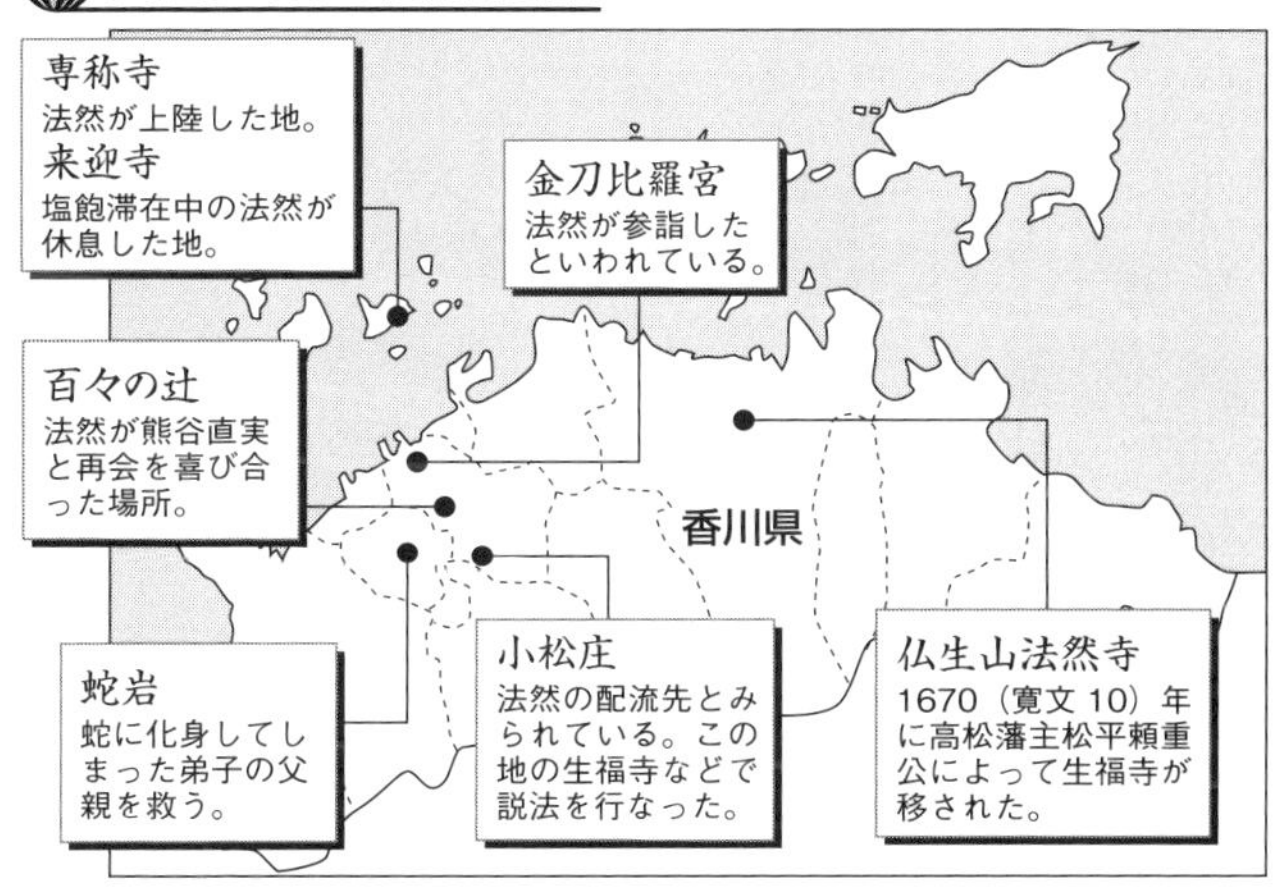

専称寺
法然が上陸した地。
来迎寺
塩飽滞在中の法然が休息した地。
金刀比羅宮
法然が参詣したといわれている。
百々の辻
法然が熊谷直実と再会を喜び合った場所。
香川県
蛇岩
蛇に化身してしまった弟子の父親を救う。
小松庄
法然の配流先とみられている。この地の生福寺などで説法を行なった。
仏生山法然寺
1670（寛文10）年に高松藩主松平頼重公によって生福寺が移された。

流された法然が滞在した四国の香川県内には、さながら弘法大師のような数多くの法然伝説が伝わっている。

たという。

最期まで念仏を称え続ける

しかし正月を迎えて八〇歳となった法然は配流の疲れと寄る年波には勝てず、床に就くようになった。それでも起きているときは高声の念仏を続け、夜になって眠っているときにも口や舌が動いており、枕元に居並ぶ門弟たちを驚かせた。

高弟の信空が最悪の事態を考え、遺跡の場所をどこにすべきか尋ねたところ、法然は、ひとつのところではなく、念仏の聞こえるところすべてが遺跡であると答えた。

十一日。法然は弟子たちに阿弥陀仏が迎えに来ていることを告げる。

弟子たちは青・黄・赤・白・黒の五色の糸を阿弥陀仏の像の手に括り付け、もう一方を法然に握らせて、『往生要集』に記された臨終の儀式を行なおうとしたが、法然はこれを拒否した。この儀式は極楽へ導かれることを願って、藤原道長をはじめ、広く行なわれていたものであるが、これを拒んだことは、阿弥陀仏の来迎が、ただ念仏によるものと示そうとしたためである。

その後も日増しに法然の体は弱まり、二十三日、重態に陥った。もういけないと思われたとき、十八年も仕えてきた源智が、形見にしたいので念仏の肝要について一筆書いてほしいと要請した。法然は承知して一枚の紙に、「私の説く念仏は極楽往生に疑いなく生まれることを信じて称えるものだ。（略）念仏を信じる人はたとえ経典の教えを十分に学んでいたとしても、文字のひとつもわからない身であると思い、智者のようにふるまわずただひたすら念仏を称えるべき」と生涯の主張を簡明に言い尽くし、「建暦二年正月二十三日」の日付と源空の署名花押を添え、手印を押した「一枚起請文」を書いて渡した。

そして二十五日の正午、慈覚大師円仁から伝えられてきた袈裟をかけた法然は、頭を北に、顔を西に向けて、『観無量寿経』の「光明遍照」の経文の一節と念仏を称えつつ、専修念仏に捧げた八十歳の生涯を終え、往生の素懐を遂げたのである。

法然最期の足取り

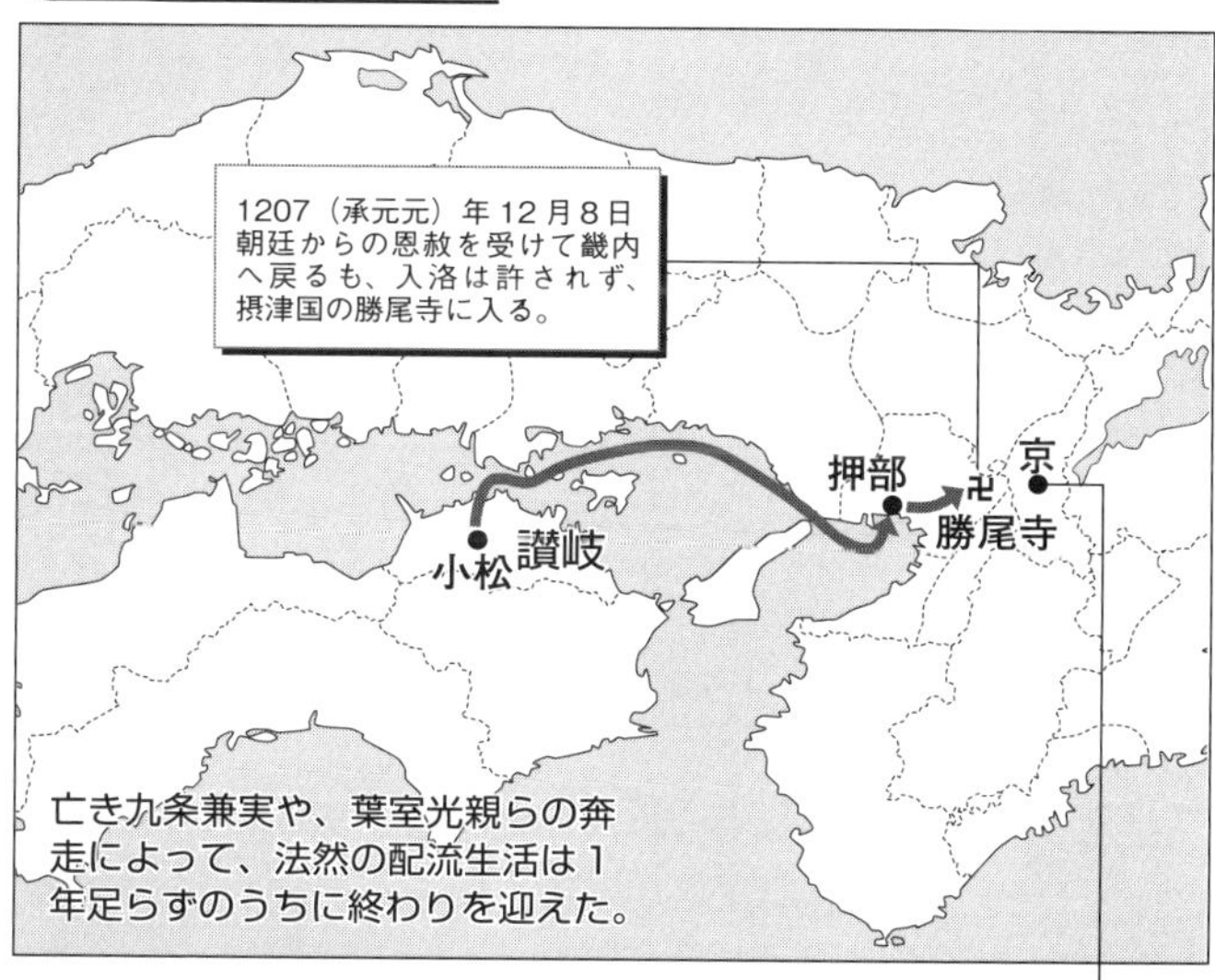

法然の最晩年

1207（承元元）年	12月8日、大赦の宣旨が下され、法然、摂津国勝尾寺に入る。（76歳）
1211（建暦元）年	11月17日、法然、赦免により入洛を許され、東山大谷に移る。（79歳）
1212（建暦2）年	1月、法然、自身の遺跡について念仏の声のするところすべてが遺跡であると言う。（80歳） 1月23日、法然、一時重態に陥る。その際、源智の求めに応じて「一枚起請文」を書く。 1月25日、法然、入滅。

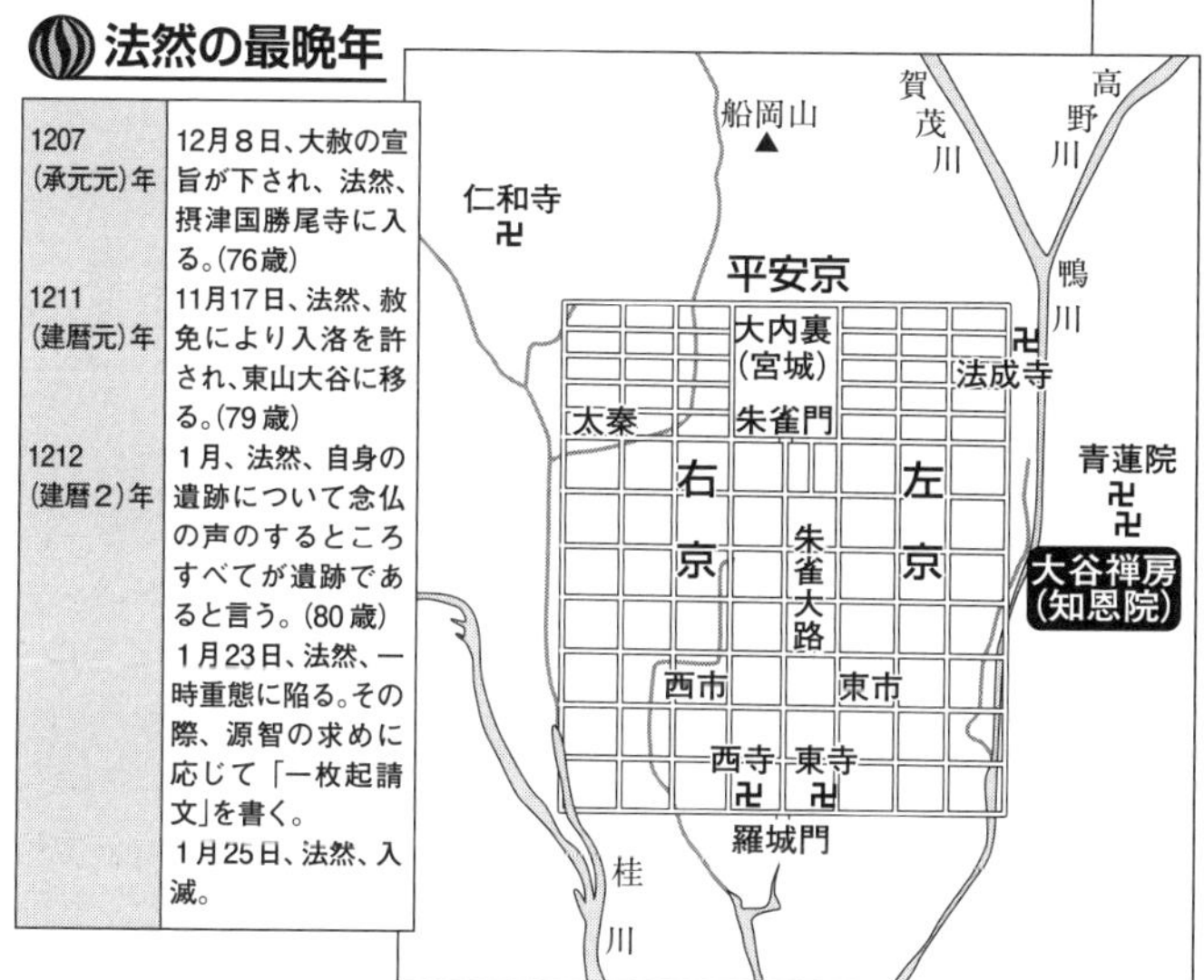

こらむ

二十五霊場を巡る④

金戒光明寺

法然が善導のお告げを受けた白川本坊の故地

比叡山を下りた四十三歳の法然がはじめて草庵を結んだ場所に建つ「金戒光明寺」は浄土宗大本山のひとつ。比叡山黒谷青龍寺に対して新黒谷とも呼ばれている。

境内には紫雲石が残されているが、これは比叡山から下りた法然が念仏の教えを説く場所を捜し求めていたとき、腰掛けたこの石から紫の雲が立ち上るのを目の当たりにし、それを善導大師のお告げとしてこの地に草庵を結んだことに由来するものだ。

寺には法然自筆の「一枚起請文」や「鏡の御影」と呼ばれる法然の肖像など、法然をしのぶ寺宝が残されている。

【和歌】
池の氷 人の心に 似たりけり
濁り澄むこと 定めなければ

アクセスデータ

京都市左京区黒谷町 121 ／ JR 京都駅から市バスで「岡崎道」または、「東天王町」下車、徒歩 10〜15 分

第四章 浄土思想と地獄・極楽

死後の世界

中陰の旅はなぜ四十九日なのか

七つの裁判と六道への入口

仏教において死んだ人間の行き先は、輪廻転生を繰り返す「六道」の世界か、輪廻転生を離れた悟りの世界としての広い意味での「浄土」の世界かのいずれかとされている。

輪廻する六道とは地獄道、餓鬼道、畜生道、修羅道、人道、天道の世界である。死して浄土に生まれない限り、六道のいずれかに転生し、苦しみと迷いの輪廻を繰り返すのである。中国や日本の民間信仰を取り入れながら死後の世界のイメージが成立した。

では、浄土に生まれることができなかった場合、死後その六道に生まれ変わるまでの流れを見てみよう。

まず私たちは臨終を迎えると「中陰」に行く。中陰は現世と来世の間にあって、中有の世界とも呼ばれる。ここを旅しながら七回の裁判を受けて、その判決に応じて六道のうちどの世界に生まれ変わるかが決まるといわれる。裁判は七日おきに計七回開かれ、その最後の裁判が四十九日目、つまり「四十九日」にあたる。葬儀ののち、初七日、四十九日と法要が続くのは、

『往生要集』の著者・源信像

大和国に生を受けた源信は九歳で発心。比叡山に入山した。その才を発揮して出世の階段を昇り始めたが、母の嘆きを聞くと、横川に隠棲して浄土往生のために修行三昧の日々に入る。こうしたなかで著されたのが、『往生要集』であった。
(西教寺所蔵)

この期間に由来している。

死者が七つの裁判で裁かれるのは、殺さない、盗まない、不倫しない、嘘をつかない、酒を飲まないの五つの掟、すなわち五戒破りについてが、その主な対象となる。

冥土の旅は死出の山から始まる。ここを越えて七日後、第一法廷を終えると、次に待ち構えるのは三途の川。善人は橋を渡るが、悪人は川の中を渡らなければならないという。そして以降、七日ごとに裁判が行なわれ、第五法廷では閻魔王の登場となる。第六の法廷を経て、いよいよ最後の第七法廷では泰山王が六つの鳥居を示し、死者に選べと命じる。じつはこれが次に生まれ変わるべき六道の入口。よって鳥居の向こうには裁きに応じた六道輪廻の世界が待ち受けている。

●地獄と極楽観の確立

仏の世界、悟りの世界としての浄土のうち、わが国においてもっとも広まったのが阿弥陀仏の浄土、すなわち極楽浄土である。

もともと仏教における地獄と極楽は、一対ではなく別々の発想のもとで発展してきたといえよう。それを一対とみなして広めたのが日本の源信が著した『往生要集』であった。源信は『往生要集』のなかで、現世を穢れた世界として厭い離れ（厭離穢土）、浄土への往生を願う（欣求浄土）ことの重要性を説き示し、その方法としての念仏を示した。

ただし、『往生要集』においては民間信仰の影響の強い中陰の裁判には触れず、悪人は苦しみの待つ六道輪廻を巡り、善人は阿弥陀如来が迎えにきて極楽に往生するという二者択一で説いている。

そして具体的な地獄と極楽観を確立したのも『往生要集』であった。古代インドの地獄絵図を視覚的に描写し、初めて人々に地獄という世界を可視化したのである。そしてこれが現代に至る地獄観や極楽観の基礎となっている。

死後の世界―49日間中陰の旅―

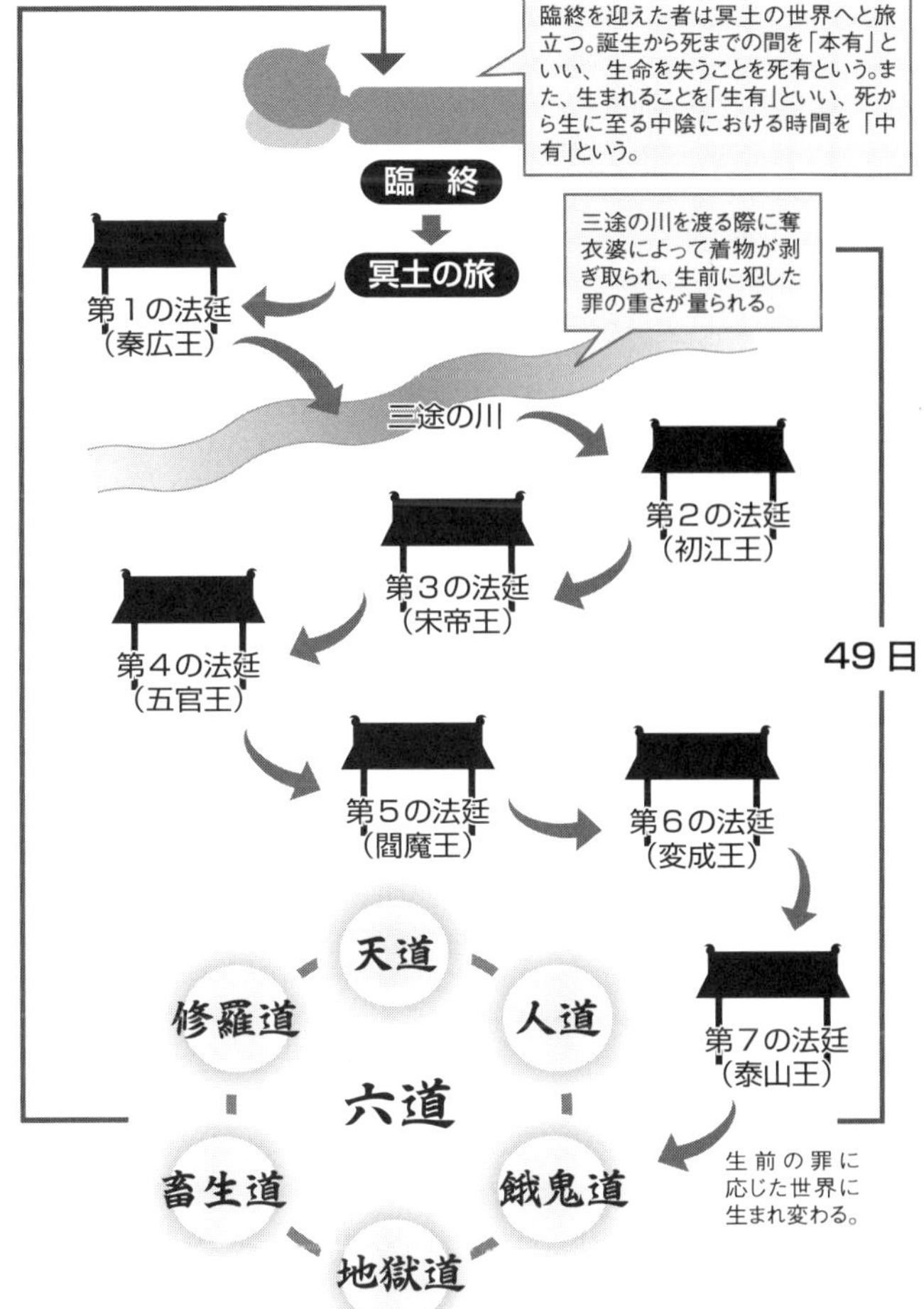

浄土に生まれ変わることができない者は、臨終を迎えると冥土へと向かう。そこでは49日に渡って中陰を旅しながら、生前の行ないを裁く７つの裁判を受ける。そして再び六道のどれかの世界へ生まれ変わるという。

死後の裁判

生前の行ないに下される審判が転生世界を決める

冥土で生前の罪の裁判を受ける死者

浄土に生まれ変わることができずに、冥土に移った死者は、七回の裁判と三回の再審を合わせて計十回、十人の王によって裁かれるとされる。

まず死出の山を越えて七日目。第一法廷で秦広王（しんこうおう）が殺生（せっしょう）の罪を裁く。この後、判決によってすぐに地獄に落とされるわけではなく、死者たちは次の法廷へ向かって歩き続け、やがて三途の川にたどり着く。

善人は橋を渡り、罪人は川の中を渡る。その対岸では老婆（ろうば）の奪衣婆（だつえば）が死者の衣服をはぎとり、それを受け取った老翁（ろうおう）の懸衣翁（けんえおう）が衣領樹（えりょうじゅ）の枝にかけて死者の生前の罪の重さを量る。

それに基づいて、十四日目の第二法廷で初江王（しょこうおう）が懸衣翁からの報告に基づいて盗みの罪を裁く。

その後、七日ごとに二十一日目の第三法廷では宋帝王（そうていおう）が邪淫（じゃいん）の罪を、二十八日目の第四法廷では五官王（ごかんおう）が嘘をついた罪を裁く。

そして三十五日目、閻魔王が担当する第五法廷では浄玻璃（じょうはり）の鏡によって、すべての罪が明らかにされ、四十二日目の第六法廷で変成王（へんじょうおう）が五官王と閻魔王の報告に基づいて、再審を行なう。

そして四十九日目、第七法廷で泰山王の最終判決が下されるのだ。王は六つの鳥居を示し、どれかひとつ生まれ変わる道を選ぶように告げる。

この後も三回にわたって再審が行なわれ、百か日に平等王（びょうどうおう）、一周忌に都市王（としおう）、三回忌に五道転輪王（ごどうてんりんおう）が現われ、再び死者を裁く……。

ただし、この十王信仰（じゅうおうしんこう）は、インド発祥の閻魔王が中国の道教（どうきょう）思想と習合（しゅうごう）して生まれたものだ。

わが国では平安後期からみられ、最初の裁判官である初江王は不動明王（ふどうみょうおう）、閻魔王は地蔵菩薩（じぞうぼさつ）というように、日本では王に諸仏・諸菩薩が配されるようになる。

この裁判は『往生要集』にはない。『往生要集』では死に際して悪人は苦しみながら亡くなる一方、善人はそのように苦しむことはないという。

しかし、念仏を修めた者は目の前に迎えに現われた阿弥陀仏に従って、極楽浄土に速（すみ）やかに生まれ変わるので、こうした裁判や期間を経ることはない。

秦広王（不動明王）……初七日
書類を基に殺生の罪について裁き、不殺生戒が守られたかを審判する。

初江王（釈迦如来）……二七日
奪衣婆と懸衣翁の報告から、盗みの罪について裁き、不偸盗戒が守られたかを審判する。

宋帝王（文殊菩薩）……三七日
猫と蛇を使って、生前の不倫の罪を裁き、不邪淫戒が守られたかを審判する。

五官王（普賢菩薩）……四七日
秤を用いて、生前の嘘を暴き、不妄語戒が守られたかを審判する。

閻魔王（地蔵菩薩）……五七日
浄玻璃の鏡を用いて生前の悪事を映し出し、死者を裁く。

十王図と死後の裁判

十王図に表わされる冥界での裁判の様子。（奈良国立博物館・東京国立博物館所蔵）

六道輪廻

煩悩を断ち尽くせない者に永遠に繰り返される輪廻転生

極楽対六道の構図

裁判を終えて罪ありと定まった者が転生する先は、その罪に応じて地獄道、餓鬼道、畜生道、修羅道、人道、天道の六つの世界から選ばれる。

この六道で最も罪深い者が転生するのが地獄道であり、その対極にあるのが神々の住む天道であった。とはいえ天道も悟りの世界としての浄土ではない。やはり寿命や苦しみがある苦界であった。

そして煩悩を断ち尽くせない者は、すべて六道のいずれかに生まれては死に、死んではまた六道のいずれかに生まれ続けるという、苦しみと迷いの輪廻を繰り返すのである。これを「六道輪廻」という。いわば本来、極楽対地獄ではなく、極楽対六道だったのだ。

この苦しみ続ける六道輪廻から脱するには広い意味での悟りの世界としての浄土に生まれ変わるほかないというのが仏教の立場であり、仏教の役目は輪廻から解き放たれる方法を説くことにあった。

六道輪廻の世界

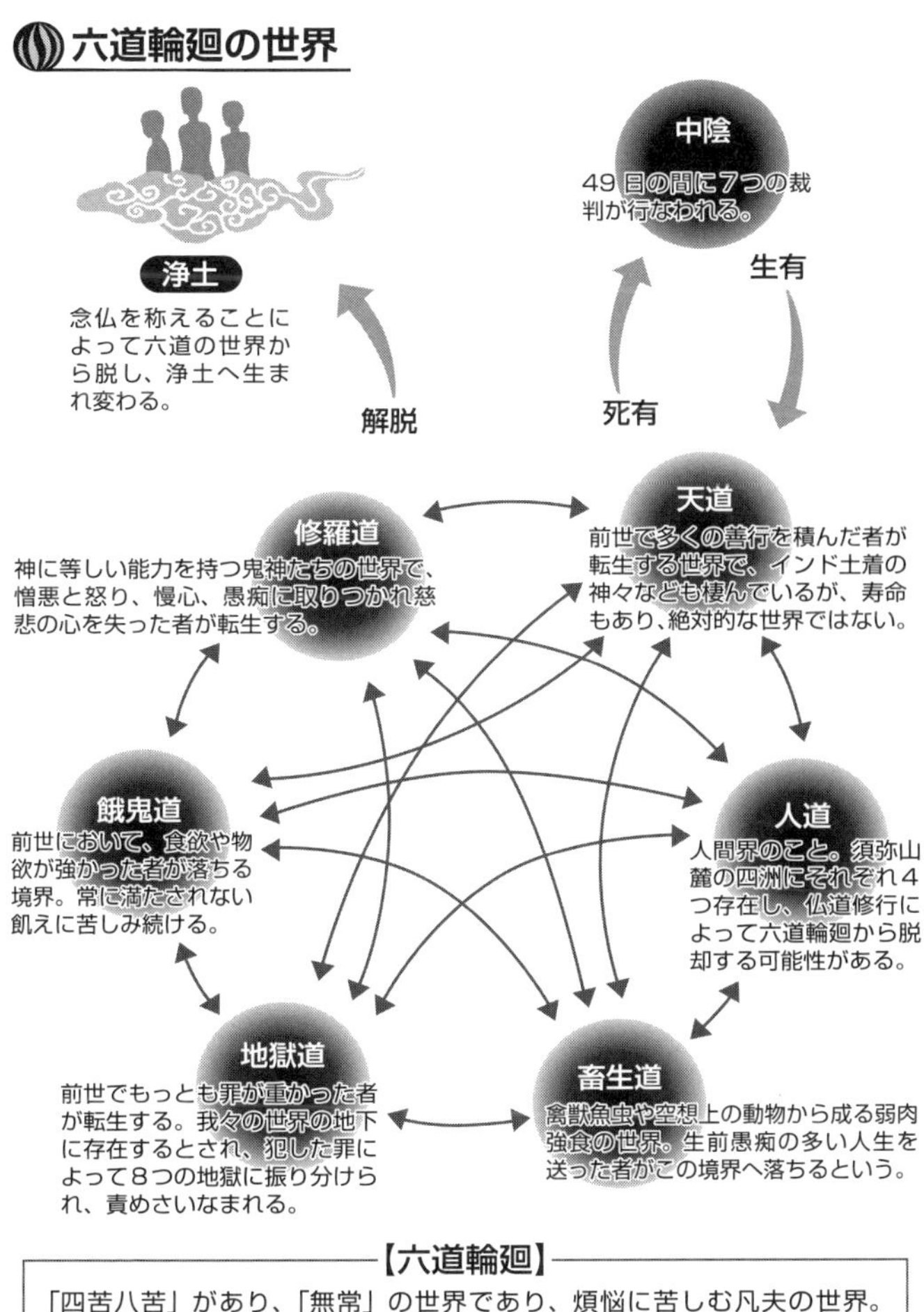

【六道輪廻】

「四苦八苦」があり、「無常」の世界であり、煩悩に苦しむ凡夫の世界。悟りを開かない限りはこの6つの世界のなかで輪廻転生を繰り返す。

裁判を終えた死者が生まれ変わる先は、その罪に応じて、地獄道、餓鬼道、畜生道、修羅道、人道、天道の6つの世界から選ばれる。このなかで最も重い罪を犯して来た人々が転生するのが地獄道である。

天道から地獄まで

では六道がどのようなものなのか、罪の軽いものが転生する世界からみていきたい。

「天道」はインドの神々や神霊などが住んでいる世界。人間にはない歓楽や超能力などが備わる。寿命も長いが、日々の心掛けによっては死後、地獄に落ちる可能性もある。

「人道」は人間界のこと。須弥山麓(しゅみせんろく)に東西南北の四洲(ししゅう)があって、それぞれに人間が住んでおり、我々が暮らすのは南の世界である。ここは不浄と苦しみと無常でできているが、反面、仏道修行をしやすく、死後、輪廻の世界から抜け出せる可能性が高い。

「修羅道」は仏教的な境地は人間より低いが、神に等しい超越した能力を持つ鬼神(きじん)の世界ともいえる。憎悪と怒り、慢心(まんしん)、愚痴(ぐち)の三因(さんいん)により、慈悲(じひ)の心を失った者が転生し、常に帝釈天(たいしゃくてん)との戦いを続け、短い寿命のなかで永遠の苦しみを味わう。

「畜生道」は禽獣魚虫(きんじゅうぎょちゅう)や空想上の動物など、人間以外のあらゆる生き物が住む世界。ほかの五道のいたるところに存在するが、本来は海中にあったともいう。生前、悪い因縁(いんねん)を重ね、愚痴の多かった者が転生する弱肉強食の世界で、心休まることなく怯えて暮らす。

「餓鬼道」は生前、物欲や食欲といった欲望を満たすことだけを考えて行動し、人を誹(そし)り、妬(ねた)んだりしたものが転生する世界で、閻魔王が支配する地下にある。一部は地上にいて楽しく遊

賽の河原

栃木県那須町の賽の河原。賽の河原に模される場所は全国にわたって無数に存在する。

んでいるようにもみえるが、実は飢餓に苦しみ続けている。

「地獄道」は五戒を破ったり、仏法僧に対する罪を犯すなど、最も罪深い者が転生する世界。犯した罪によって八大地獄のいずれかに堕ちて苦しみ続ける。

以上が六道である。

この輪廻の世界にいる限り、次はどの世界に転生するか分からず、苦しみは永遠に続くのである。いわば終焉のない輪廻こそ人々の最大の苦痛でもあった。

そして、その苦しみの鎖から人々を救い出し、煩悩を断ち尽くせない我々であっても極楽往生を遂げさせてくれるのが、浄土宗の教えであり、法然の唱えた専修念仏の教えだったのである。

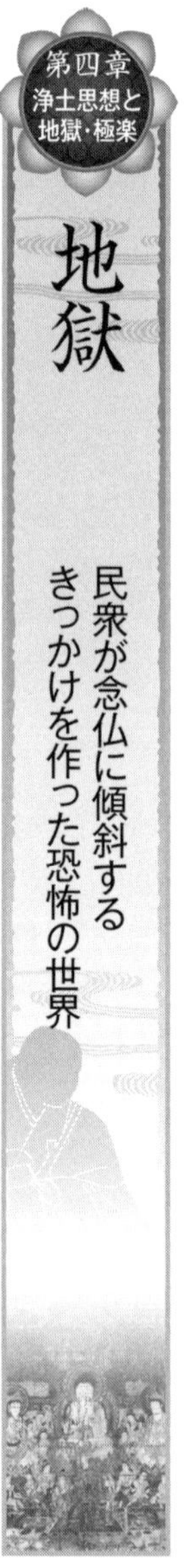

人々を震え上がらせた『往生要集』の地獄

輪廻転生の宿命を背負わされた六道輪廻のなかで最も罪深き者が転生するのが地獄道であった。

「地獄」の概念は洋の東西を問わず様々な宗教に存在するが、イエスも、釈迦も直接地獄については言及していない。教祖たちの没後、教えを広めるにあたって、正しい信仰へ導くために次第に形成されていったといえよう。

日本における地獄観は、日本古来の黄泉思想にインドの地獄観や中国の冥府のイメージが習合し、地獄の獄卒である鬼たちによって罪人が責めさいなまれ、業火に焼かれるイメージがおぼろげながら形作られていった。

こうした地獄観が源信の『往生要集』によって確立される。そこに記される地獄の描写は、やがて仏教美術によって可視化されるにおよび、人々の恐怖をかきたて、極楽往生を渇望させたのである。

何度も殺される地獄の実相

地獄はこの世の地下五万キロにあり、八層からなる。上から順に等活地獄、黒縄地獄、衆合地獄、叫喚地獄、大叫喚地獄、焦熱地獄、大焦熱地獄、阿鼻地獄がある。犯した罪に応じていずれかの層に落ちるが、下層へいくほど責め苦が過酷で刑期も長くなる。

まず最上層の「等活地獄」は生前、殺生を行なった者が落とされる地獄。ここで受ける地獄は罪人同士で殺し合い、最後は鉄の上で五体を切断される。

次に殺生と窃盗の罪を犯した者が堕ちる「黒縄地獄」。大工が木材に墨を入れるときに使う黒縄で、罪人も体に升目を入れられ、切り刻まれる。

その下の「衆合地獄」は殺生と窃盗、邪淫をした者が堕ちる。圧殺されたり、木登りをさせられて、刃のように鋭い葉で体を切り刻まれる。

「叫喚地獄」は酒癖の悪かった者の罪

阿鼻地獄

阿鼻地獄の風景。地獄の最下層に位置する、最も重い罪を犯した者たちが落ちるこの地獄では、究極の苦しみが与えられるという。この地獄の四周は常に大火が燃え、その有様を描いている。

が加わる。灼熱(しゃくねつ)の銅を体に流し込まれたり、全身を火で溶かされる。「大叫喚地獄」はさらに嘘をついた罪が加わり、五戒すべての罪となる。舌をペンチで引き抜かれたりする。

「焦熱地獄」は五戒の罪のほか、邪見(じゃけん)の罪が加わる。徹底した火による罰で、地獄の業火(ごうか)にあぶり焼きにされたりする。「大焦熱地獄」はさらに女性を汚した罪が加わる。灼熱地獄の一〇倍の苦痛で、火の苦しみの極限世界となる。

「阿鼻地獄」はありとあらゆる重罪を犯した者が堕ちる無間(むけん)地獄。その苦痛は大焦熱地獄の一〇〇〇倍とされ苦の極限世界である。三兆二七六八億年という途方もなく長い刑期の間、一瞬たりとも責め苦から逃れられない苦痛にさいなまれ続ける。

いずれにしろ、地獄は苦痛の極致であり、恐ろしいのはすぐに再生して何度も同じ苦しみを味わい続けなければならないことであった。

とくに生活のために殺生をせざるを得ない庶民にとって地獄の苦しみは自分の身に降りかかる恐怖であった。この地獄の概念が、庶民でも往生できる念仏の教えを浸透させた背景ともいえよう。

ただし、法然が遺(のこ)した文献には、地獄のありようを説く箇所はなく、法然は広く六道輪廻からの解脱(げだつ)として、浄土往生を勧めていたことがわかる。

地獄の構造

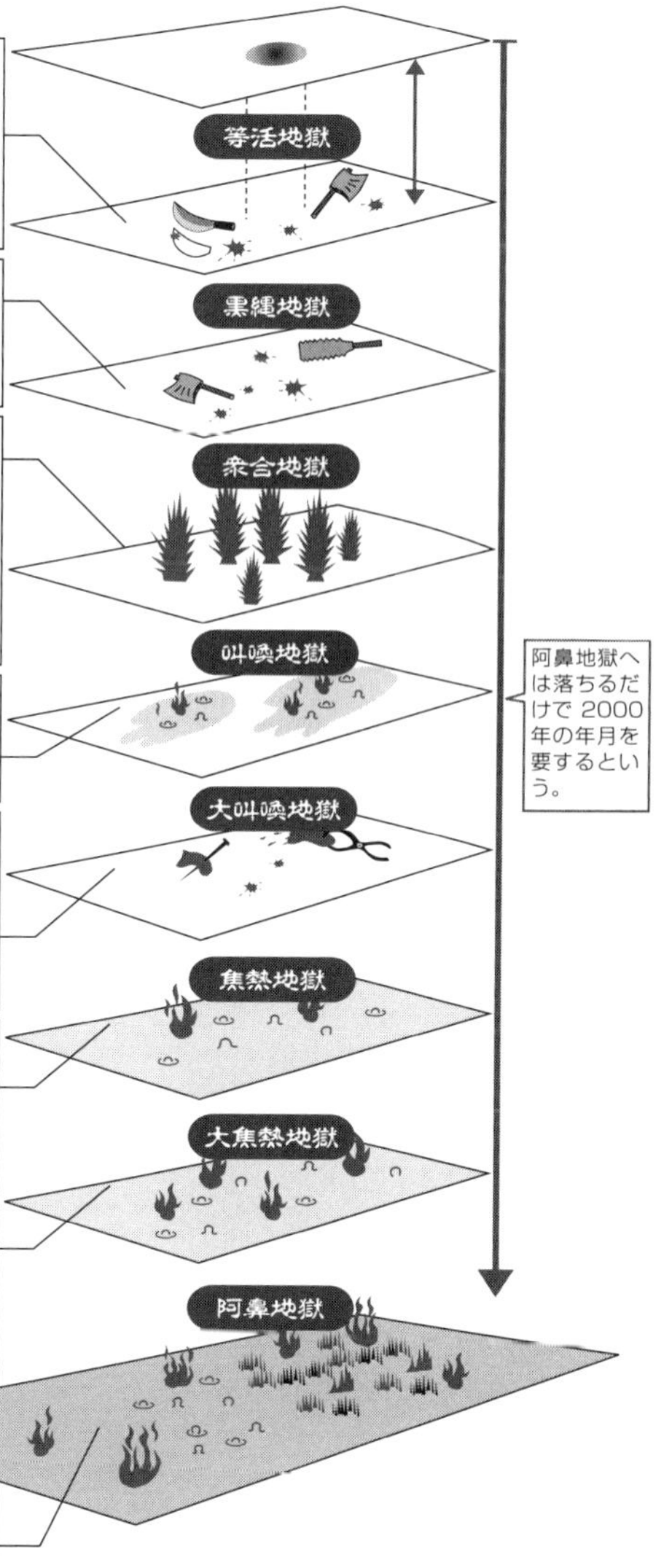

生前、殺生をした者が落ちる。死者は地獄の獄卒たちに熱鉄上で五体を切断され、殺される。だが、風を浴びてすぐ蘇生し、すぐにまた同じ苦しみを1兆6200億年の間与えられる。

生前、殺生と盗みを犯した者が落ちる地獄。獄卒たちに鋸や斧で細切れに五体を切断されるだけでなく、熱鉄の上で黒縄の印に従って切り刻まれる。

生前、殺生、盗み、邪淫の罪を犯した者が落ちる地獄。美男・美女のいる樹木があって、罪人たちはそれをよじ登る。だが、木の葉が刃のように鋭く、罪人たちはこれに切り刻まれる。しかし、美男・美女は幻であり、罪人たちは登り降りを繰り返す。

生前、殺生、盗み、邪淫及び飲酒の罪を犯した者が落ちる地獄。金鋏で口をこじ開けられ、灼熱の銅を流し込まれる。

生前、殺生、盗み、邪淫、飲酒に加え、嘘をついた者が落ちる地獄。罪人たちは妄言の報いとして舌を針で突き刺されたり、舌を引き抜かれたりする。罪人たちは苦痛にさいなまれ叫び続ける。

五戒を破ったことに加え、邪見（悪い考え）を抱いた者が落ちる地獄。罪人たちは徹底して火で焼かれ、その苦しみは上の5つの地獄の炎が雪のように涼しく感じられるほど。

これまでの6つの罪に加え、女性を犯した者が落ちる地獄。炎刀で皮を剥がれ、沸騰した鉄汁を飲まされ、炎だけの世界に放り出される。

両親を殺害するなどの五逆罪を犯し、ありとあらゆる悪行を犯した者が堕ちる地獄。上層の7地獄の苦しみが、天界の歓楽に等しいと感じられる位の苦しみを受け、無間地獄と呼ばれる。

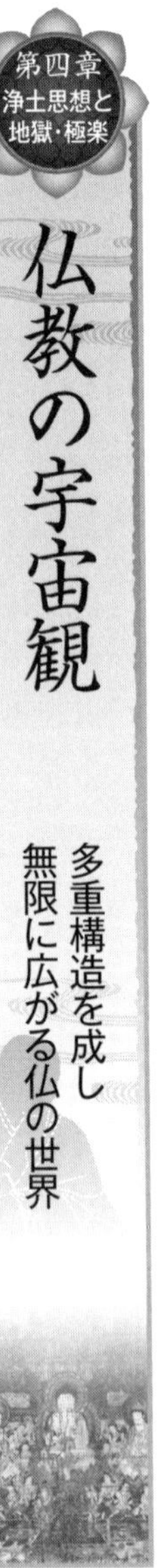

仏教の宇宙観

多重構造を成し無限に広がる仏の世界

人が住む須弥山の世界

煩悩ある者が転生を繰り返す六道の世界を空間的に表現したのが須弥山（しゅみせん）を中心とする世界観である。

これは推定約五十六万キロメートルという高さを持つ須弥山を中心とした仏教の宇宙観を表現したものだ。

ただし、これが全宇宙というわけではない。この一須弥山を中心とする世界は一小世界と呼ばれ、われわれはおおむねこのなかを輪廻転生する。この一小世界が千集まると「中千世界」となり、それが千集まると「大千世界」となる。そしてその大千世界（三千大千世界という）がひとりの仏が教化（きょうけ）する宇宙となる。

この須弥山世界は四、五世紀ごろに活躍した世親（せしん）という仏教思想家が『倶舎論（くしゃろん）』という著作のなかで整理したものだ。その特徴は多重構造である。

『倶舎論』に従ってその世界を追ってみよう。

広大な「虚空（こくう）」という空間に円筒状に固まった空気の層でできた風輪（ふうりん）が浮かんでいる。風輪の高さは約一一二〇万キロメートルとされ、この風輪が須弥山世界の土台となる。風輪の上に水輪（すいりん）、さらにその上に金輪（こんりん）が重なる。このふたつの直径は同じだが、金輪は水輪の半分以下の高さである。

そして金輪の上に、海洋と山脈、大陸などから構成された世界があり、ここに人間が住む世界がある。

須弥山石

明日香村で発見された、須弥山をかたどったといわれる石造物のレプリカ。

その中央に約五十六万キロメートルという、圧倒的な高さを誇る金や銀でできた須弥山がそびえている。その須弥山を取り巻くように七つの山脈があり、それらを海が取り囲む。そして外周部の鉄囲山（てっちせん）という鉄でできた山が堰（せき）の役目を果たし、海の水が流出するのを防いでいる。

須弥山のふもとには人間が住む四

つの島があり、それぞれ東が勝身洲、西が牛貨洲、南が贍部洲、北が倶盧洲と呼ばれ、各州で寿命や背丈が異なるなど、様子が違う人間が住んでいる。我々が住むのはこのうち台形の形をした南の贍部洲。この形はインド亜大陸の形からきており、須弥山もヒマラヤのイメージから成立した。

そしてこの贍部州の下層に地獄がある。

『往生要集』はこの点に言及しており、それによると、贍部州の下にはまず六層の土層があり、その下に地獄が平行に積み重なっているという。

地獄はどれもはるか広大だが、最下層の阿鼻地獄はほかの地獄の八十倍も広いことで知られる。

ならば世界からはみだしてしまうのではないかと疑問に思うだろう。ところが贍部州の下は山裾状に広がっているため、問題なく地下に収まっているとされる。

一方、須弥山の頭上に目を向けると、山の中腹あたりを日と月が運行し、その周辺には四天王や帝釈天の住む四天王天や忉利天があり、二十八の天界が続いているという。

これらをすべて含めたものが一小世界である。仏はこれを十億個集めた大千世界をひとりで教化するのである。

須弥山世界の概念図

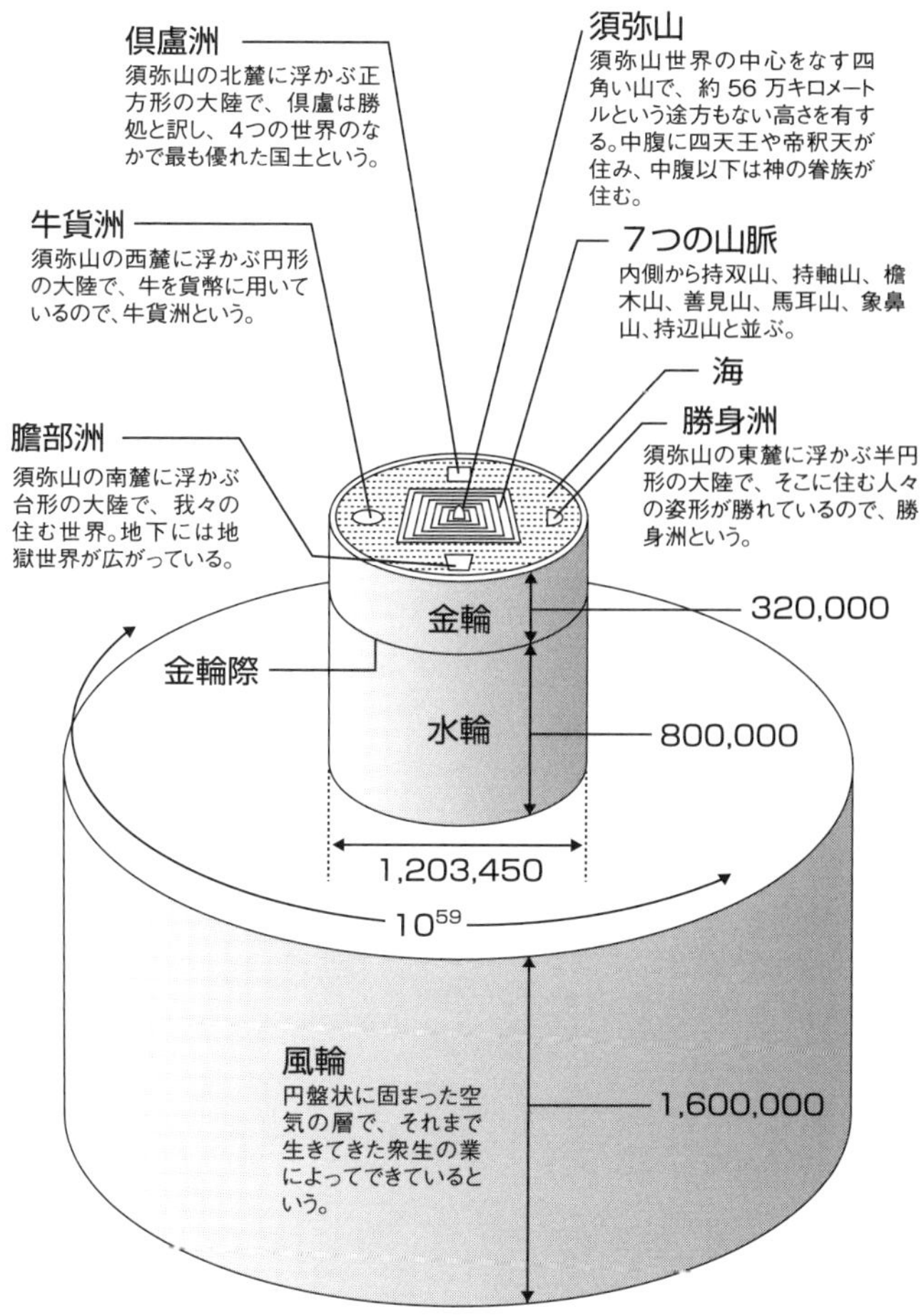

単位：由旬（約7キロメートル）

六道輪廻を空間的に表現すると、須弥山世界になる。これが千集まると「中千世界」。「中千世界」が千集まると「大千世界」となり、ここでようやくひとりの仏が教化する世界となる。

極楽浄土

一切の苦悩から解放された阿弥陀如来の世界

極楽浄土における十の楽しみ

平安時代末期以降、末法の現世にあって救いの希望を持てず、ましてや地獄の苦痛を恐れた民衆が憧憬を抱いたのが苦悩の一切から解放されるという阿弥陀如来のいる極楽浄土である。そもそも浄土とは、仏が建立した国のことを指し、「浄土」自体は薬師如来の東方浄瑠璃浄土、聖徳太子が往生を願った天寿国（極楽浄土か）など多数の浄土が存在する。

では阿弥陀仏の極楽浄土がなぜ民衆の心をとらえたのだろうか。

それは、臨終のとき、阿弥陀如来が迎えてくれる「聖衆来迎の楽」、美しい姿に生まれ、不思議な能力を授かる「身相神通の楽」、縁のあった人を極楽に往生させることもできる「引接結縁の楽」、そして、悟りの道に速やかに到達できる「増進仏道の楽」など、『往生要集』に記された極楽浄土に往生したときに得られる十の楽しみにあろう。

また、極楽浄土は「倶会一処」の場でもあった。これは、この世で別離を迎えても、極楽において再会できるという教えで、法然は臨終の迫った正如房（式子内親王か）に対して浄土

『阿弥陀聖衆来迎図』

仏に篤く帰依した者には、臨終に当たって阿弥陀如来が迎えに来るとされたが、法然は、臨終においてそれまで行なわれていた儀式を断り念仏だけでよいとしている。（京都国立博物館蔵）

での再会を約し、死に対する不安を除く手紙を送っている。

これほどの素晴しい約束がなされた極楽浄土は幸福の極致であろう。この至福の空間は、具体的にはどのようなところなのだろうか。

至福の極楽の世界

まず極楽は「西方十万億仏国土（ぶっこくど）をすぎたところ」にあると記されている。一仏国土が三千大千世界にあたるとすれば、その十万億分経た場所ということは想像を超えたはるか遠くの西方に存在することになる。ただし極楽浄土に往生するためには、往生人が臨終を迎える際に紫雲に乗った阿弥陀仏のお迎えがあり、観音菩薩（かんのんぼさつ）の持つ蓮（はす）のうてな（台）に乗って一瞬のうちに極楽に生まれ変わることができるのである。

こうしてたどり着いた極楽はまばゆいばかりの金銀で飾られ、歓喜の音楽と光にあふれる場所である。

金、銀、瑠璃、玻璃の四宝で飾られた世界で、シャコ、シャクシュ、メノウなどを合わせた七宝の池のなかには大きな蓮華が浮かんでいる。蓮華は青、赤、白、黄色などの美しい光を放ち、馥郁とした香りを漂わせている。極楽の中央には阿弥陀仏がすわり、ほかの菩薩たちもいる。また、曼陀羅華の華が昼夜を問わず舞い降り、孔雀や鸚鵡など宝の色をした鳥たちが美しい声でさえずっている。

経典には以上のような記述があるが、我々が言葉を通じて表現できる最高の世界が描かれているといえるだろう。

いずれにしても六道輪廻の世界から離れた極楽は、一切の苦しみから解放され、修行に集中できる理想の環境である。そして阿弥陀仏の教えを直接聞いて速やかに悟りを開き、誰もが成仏を遂げられるのである。

法然の浄土宗の教えは、輪廻の世界を脱して極楽浄土に往生することを最大の目的とし、多くの信徒を獲得していったのである。

極楽浄土の世界

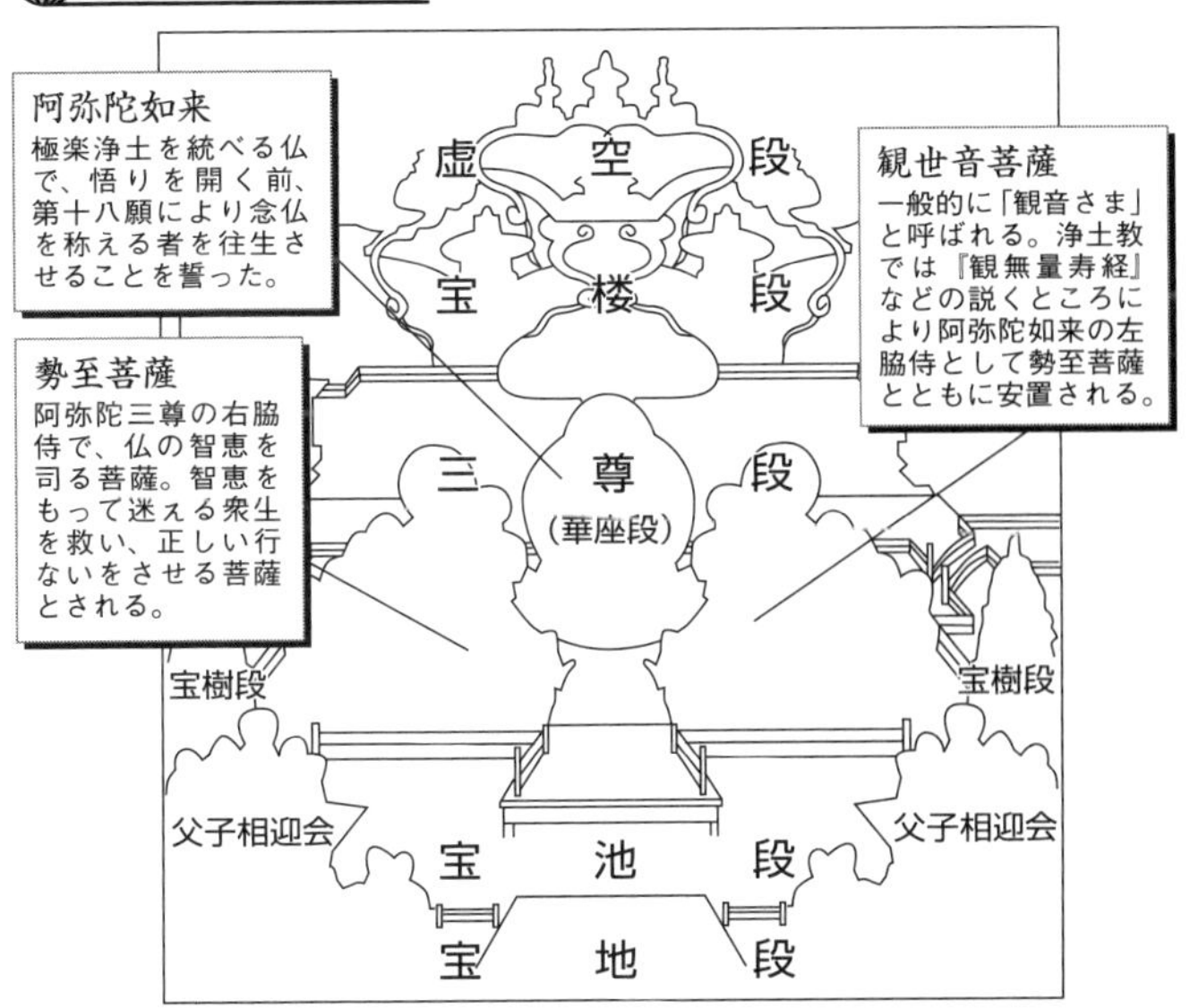

當麻曼荼羅（内陣）に描かれた極楽浄土の風景。

『往生要集』が記す浄土十楽

聖衆来迎の楽	引接結縁の楽
臨終の際、阿弥陀如来が多くの菩薩と共に迎えに来る。	かつて縁のあった人を極楽浄土に往生させることができる。
蓮華初開の楽	**聖衆倶会の楽**
極楽の美しい蓮の華に往生し、蓮の華が初めて開くとき、この上ない喜びを感じる。	多くの菩薩や聖人たちと親しく交際することができる。
身相神通の楽	**見仏聞法の楽**
秀麗な姿に生まれ変わり、あらゆる能力を授かる。	極楽浄土を統べる阿弥陀如来から直接教えを受けることができる。
五妙境界の楽	**随心供仏の楽**
色・声・香・味・触の五感を取りまく境界がとくに優れている。	心の赴くままに諸仏に供養することができる。
快楽無退の楽	**増進仏道の楽**
極楽の楽しみを永遠に享受することができ、再び迷いの世界に戻ることはない。	現世で果たせなかった悟りの道に速やかに到達することができる。

源信は極楽往生に当たって10の楽しみが得られると記している。

こらむ

二十五霊場を巡る⑤

知恩院

大谷の故地に開基され発展した浄土宗の総本山

知恩院は浄土宗鎮西派の総本山。法然の念仏の布教活動の拠点であり、法然が入滅した霊跡でもある。

墓堂破却事件のあと、弟子の源智が法然の遺骨を安置した廟堂を再建して知恩院の基礎を確立した。知恩院の名称は弟子たちが報恩のために行った知恩講に由来する。

その後、徳川家康が知恩院を菩提所と定めて本格的に造営し、徳川家光までの四〇年間で現在のような伽藍が完成した。

なお、知恩院の最古の遺構は一五三〇(享禄三)年に法然の御影を祀った堂(現在勢至堂)である。

アクセスデータ

京都市東山区林下町 400 ／ JR 京都駅から市バス A2 のりば 206 番「祇園」または、「知恩院前」下車東へ徒歩 10 分

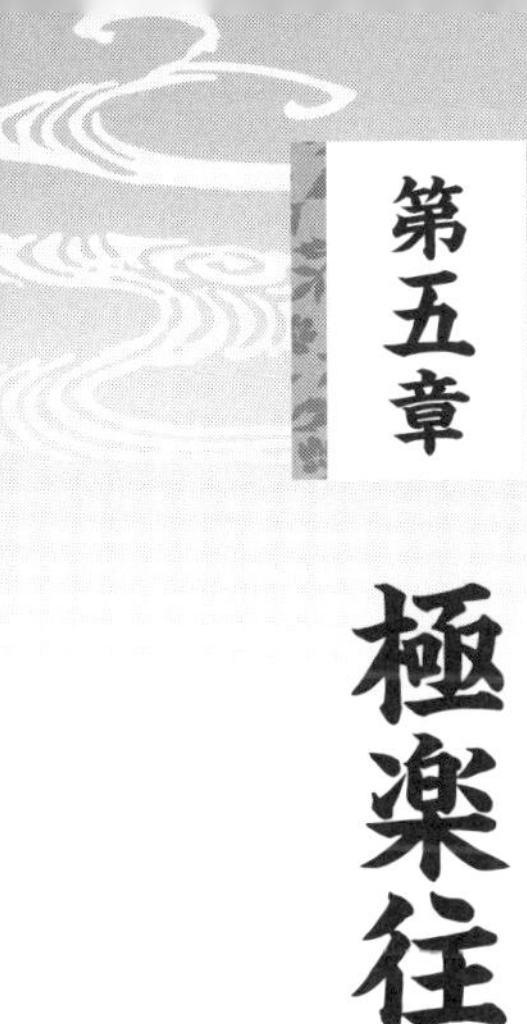

第五章

極楽往生への道しるべ

「浄土三部経」と仏による選択

阿弥陀仏の極楽浄土を説く浄土宗の根本経典

●念仏往生の根拠となった三つの経典

法然が浄土宗における根本経典としたのが、『無量寿経』『観無量寿経』『阿弥陀経』の「浄土三部経」である。それは『選択本願念仏集』で、法然が「今はただこれ弥陀の三部なり。故に『浄土三部経』と名付くるなり」と述べたことに由来する。

三経に共通しているのは念仏こそ阿弥陀仏が浄土往生の本願として選び取った行（選択本願念仏）だと説くことである。

法然は阿弥陀仏と、釈尊と、諸仏による念仏一行の選び取りを「選択」と名付けている。つまり、『無量寿経』には、阿弥陀仏はただ念仏のみをもって本願往生の行とされた「選択本願」、釈尊はただ念仏一行を褒め讃えた「選択讃歎」、末法一万年後も、ほかの行はことごとく消滅するが、釈尊はただ念仏のみをとどめられた「選択留教」の三つの選択がある。

また、『観無量寿経』には、阿弥陀仏の光明が念仏を称える人を救い取る「選択摂取」、来迎した阿弥陀仏の化仏が念仏を称えたことを讃える「選択化讃」、釈尊はただ念仏のみを弟子に

法然が重視した浄土三部経

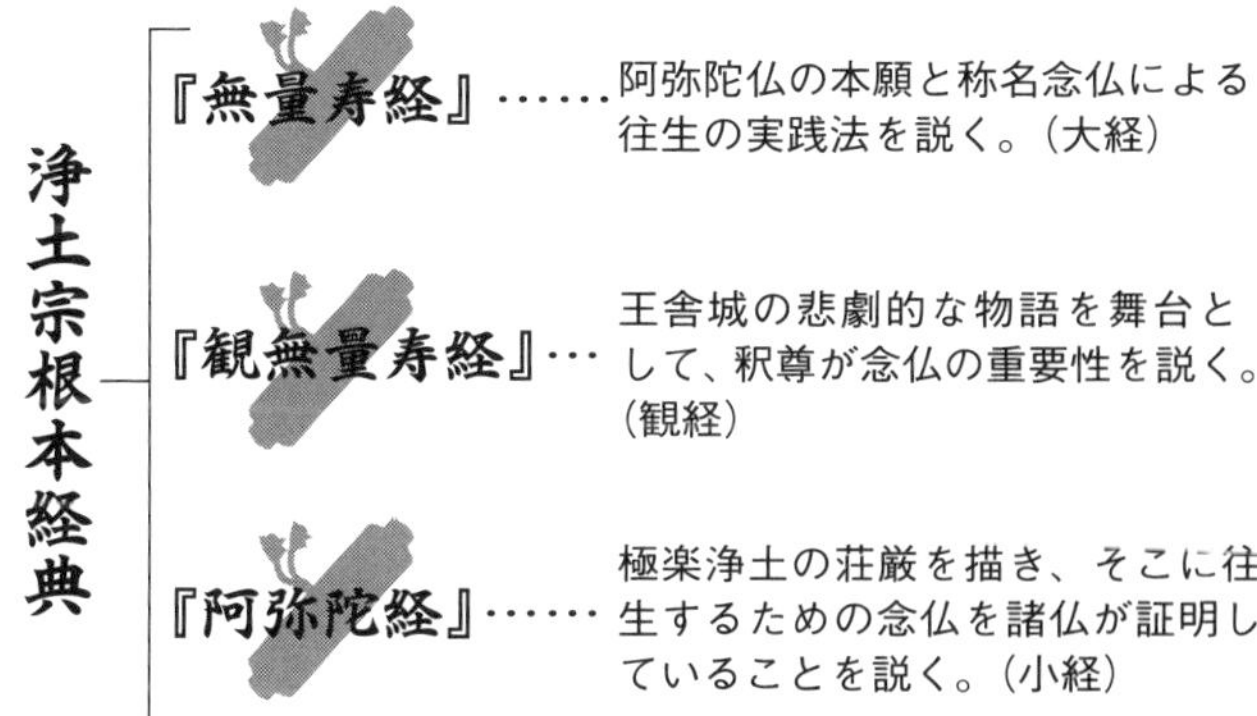

浄土宗根本経典
『無量寿経』……阿弥陀仏の本願と称名念仏による往生の実践法を説く。（大経）
『観無量寿経』…王舎城の悲劇的な物語を舞台として、釈尊が念仏の重要性を説く。（観経）
『阿弥陀経』……極楽浄土の荘厳を描き、そこに往生するための念仏を諸仏が証明していることを説く。（小経）

法然は『選択本願念仏集』のなかで、この三経典を最も重要なものと位置付けた。そのため、浄土系の宗派（浄土宗・浄土真宗・時宗）の根本経典となっている。

伝えた「選択付属」の三つの選択がある。『阿弥陀経』では阿弥陀仏の極楽浄土の荘厳を説くなかで、六万の諸仏が念仏往生の真実であることを証明した「選択証誠」がある、と結論づけた。

法然によれば、『無量寿経』は阿弥陀仏の本願を、『観無量寿経』は釈尊の出世の本懐を、『阿弥陀経』は諸仏の証誠を中心に説かれたもので、三経は無関係ではなく、相互に補完し合い、阿弥陀仏が念仏を選択したという一点を伝えるものなのである。

ただし、これらの経典はまとまって編纂されたわけではない。

紀元前後から四世紀頃にかけて、インドや西域において成立したとされる。

『無量寿経』

阿弥陀仏の成仏と極楽を描き、往生の方法としての称名念仏を説く

極楽浄土ができるまで

「浄土三部経」のひとつ『無量寿経(むりょうじゅきょう)』は紀元二世紀ごろまでに成立したとされ、サンスクリット(古代インド語)原典、チベット語訳、および五種の漢訳が現存する。

上下二巻からなる長編で、阿弥陀仏の成仏(じょうぶつ)と極楽浄土の有様を説いた経典である。

経典は、王舎城(おうしゃじょう)の耆闍崛山(ぎじゃくっせん)において、比丘(びく)や菩薩(ぼさつ)たちに対して、釈尊が語りかけるかたちで構成される。

上巻では、ある国の王であった法蔵(ほうぞう)菩薩が、万人を救うために四十八の願(がん)を立てて長い修行を経た末にすべての願を成就させ、阿弥陀如来(にょらい)となり極楽浄土を建立した。そして極楽往生を願う人々に念仏を説いたという。

法蔵菩薩によって立てられた四十八の誓願とはどのようなものか、それは内容からして大きく三つのグループに分類できる。

ひとつ目のグループは阿弥陀仏自身に関するもので、仏になったとき、その光明と寿命が無

『無量寿経』の構成

○釈尊と阿難
釈尊の姿が普段より神々しいことに気づいた阿難がその理由を問う。釈尊がそれに答え、阿弥陀如来の浄土の話を始める。

▼

○法蔵菩薩の四十八願
ある国の王であった法蔵菩薩が、すべての人々を救済するために仏陀となることを志し、五劫という長い時間をかけて四十八願を立てる。

▼

○極楽浄土の世界
法蔵菩薩は、兆載永劫という長い修行の末にすべての誓願を成就させて阿弥陀如来となり、荘厳なる西方浄土が出現し、極楽往生を願う人々に称名念仏を説く。

▼

○三毒と五悪
阿弥陀如来と極楽浄土の出現について語り終えた釈尊が、そこに往生するための日々の心構えを説く。

量でありたい、多くの仏に称讃される仏でありたいとの願いである。

二つ目のグループは極楽浄土に関するもので、浄土は清浄でかつ荘厳であってほしいという願いである。

三つ目のグループは極楽浄土に往生する人々についてのもので、浄土に生まれた人は平等で必ず悟りを得る人であってほしいという願いである。

その三つ目のグループのなかに、あらゆる人々を救おうとする最も重要な阿弥陀仏の本願である第十八願、いわゆる王本願とされる「真実の心で救いを願い『南無阿弥陀仏』と称えれば、必ず私の世界（極楽浄土）に往生させよう」という誓いが含まれている。

法然はこの念仏往生の本願を根拠にして阿弥陀仏による万人救済の道を見出し、人々に伝えた。それが称名念仏だったのである。

浄土に生まれ変わるには

下巻では、わずか一遍の念仏を称えた者でも浄土往生がかなうことを明らかにしたうえで、往生する者たちを三つのグループに分け、それぞれのグループにおける念仏を中心とした行の有様や往生の姿などが描かれる。

また釈尊は、この娑婆世界に生きる人々の苦しみの理由を、我々が抱いてしまう、貪りの心（貪欲）、怒りの心（瞋恚）、愚かな心（愚痴）の三つを根本とした様々な煩悩に求め、さらに、そうした煩悩によって引き起こされる悪事として、生き物を殺す罪（殺生）、物を盗む罪（偸盗）、よこしまな異性関係（邪淫）、偽りの言葉（妄語）、酒を飲むこと（飲酒）の五つを例示して強く戒めている。

最後に釈尊はそうした苦しみから逃れる唯一の道こそ、極楽往生にほかならないとした。まして阿弥陀仏の本願念仏の功徳を讃えて、念仏をとどめ置くことを明かし、『無量寿経』を終えている。

『浄土曼陀羅図』

浄土の様子を描いたもの。中央に阿弥陀如来がおり、その周囲をさまざまな仏がかこんでいる。（九州国立博物館所蔵）

諸仏の仏国土

西方極楽浄土	阿弥陀如来	西の方へ 10 万億仏国土を過ぎたところにあるという阿弥陀如来の浄土。そこに暮らす人々は、なんの苦しみもなく、真の幸福を受けているとされる。
密厳浄土	大日如来	真言密教において、「三密によって荘厳される浄土」の意とされる大日如来の浄土。大日如来を主宰者とする。
蓮華蔵世界	毘盧舎那如来	毘盧舎那仏の願行によって現出した浄土である。『梵網経』によれば、千葉の大蓮華からなる世界とされている。
東方妙喜世界	阿閦如来	阿閦如来の仏国土である。わが国では薬師如来の東方浄瑠璃世界と混同される。
東方浄瑠璃浄土	薬師如来	薬師如来のいる、瑠璃を地とする清浄な世界。薬師如来は、正式名を薬師瑠璃光如来という。
無勝荘厳浄土	釈迦如来	西方四十二恒河沙の諸仏の国土の彼方にある釈迦如来の浄土。無勝国土、無勝土とも呼ばれる。

極楽浄土は阿弥陀如来がつくりあげた仏国土のひとつ。仏国土は極楽浄土のほかにもいくつか存在するのである。

『観無量寿経』

悲劇の王妃の前に提示される極楽往生のための実践法

インドの王妃が見た極楽の世界

『観無量寿経』は、釈尊が極楽往生するための具体的な実践方法を、インドで起こった悲劇を元にして説いたものである。サンスクリット語原典は現在伝わっておらず、中国語訳があるのみである。

「浄土三部経」のなかで最も遅くに成立したとみられ、四世紀頃、中央アジアで成立し、中国で編集が加えられたのではないかと考えられている。

そのストーリーは次のように展開する。

インドのマガダ国の王子・阿闍世は、釈尊の従兄弟にあたる悪友・提婆達多にそそのかされ、自分が王位に就くために父である国王を城の奥深くに幽閉。さらにはそれをかばった母の韋提希も幽閉してしまう。母の韋提希は息子の行ないを嘆き悲しみ、「自分の過去にどんな悪い縁があってこんな子を生んだのでしょうか。私のために苦悩のない世界を教えてください」と釈尊に救いを求める。

『観無量寿経』の構成

○王舎城の悲劇

「父親を殺さないと王位を継承できない」と、提婆達多にそそのかされた王舎城の王子阿闍世が、父親のビンビサーラ王を城の奥深くに幽閉してしまう。

▼

○王妃の嘆き

ビンビサーラ王に食事を運んでいたのを発見された王妃韋提希も阿闍世によって城の奥深くへ幽閉されてしまう。その境遇を嘆く王妃に対し、釈尊が教えを説く。

▼

○十三の観想法

釈尊は王妃に極楽浄土の姿を見せ、この浄土に往生するための方法として、まず、心を統一して観想できる人のための十三の観想法を勧める。

▼

○九つの往生方法

極楽に往生する人を上品・中品・下品の三つに分け、さらにそれぞれを上生・中生・下生に細分して九段階の実践の方法と、救いの経過を説く。

すると釈尊は韋提希の目の前に極楽浄土の世界を出現してみせ、どのような人であろうと、この苦悩のない世界に往生できると示したのである。

釈尊が後世に伝えた称名念仏

そして釈尊は極楽往生する方法を明らかにした。

釈尊はまず、心を統一して仏や浄土を思い浮かべる観想(かんそう)の方法を示し、その後、心が散乱して観想ができない人のために九つに分けた極楽往生の方法を説き明かした。

前者として浄土の姿や仏を思い浮かべる十三段階の観想法を教え、仏の姿を観じて極楽浄土へ往生することを説いた。

後者として浄土往生する人を上品、中品、下品の三つに分け、さらにそれぞれを上生、中生、下生の三つに細分して計九段階に分け、それぞれの往生方法を説いた。

このうち上品の三段階は、大乗仏教の様々な行を修めている人を指す。次の中品は広く戒律を守り、孝養、仁愛の心を持っている人を指す。

そして下品は様々な悪行を犯してしまった人で、なかでも最下層の下品下生の人々は、罪のなかで最も重い五逆などあらゆる悪を犯した人を指し、その悪行のために地獄に落ちることが目に見えている人々である。

しかし釈尊はこんな重罪を犯した人でも臨終の際、心から懺悔して念仏を十遍称えれば、生死の輪廻から解脱し、極楽往生できると説いている。念仏を称えるだけで救われて極楽に往生できるのである。

法然は、下品上生や下品下生に念仏による往生が説かれ、いかなる罪を犯した者でも、あるいは、最も重い罪を犯した者でも救われると示すことによって、念仏の功徳が平等であり、かつ、最も優れていることが明らかになると説示している。

そして、最後に釈尊は、のちの世に称名念仏を付属すべきことを阿難に託して経典の説示を終えている。

釈迦が説いた十三の観想法

一、日想観
極楽浄土のある西に向かって日没を見、眼を閉じてもその有様が浮かぶようにする。

二、水想観
清らかな水を見て、さらに透明で平坦な水の有様を想い描く。

三、地想観
七宝の宝幢で飾られた瑠璃色の大地を想い描く。

四、宝樹観
浄土にある宝石で飾られた樹を想い描く。

五、宝池観
浄土にある蓮華が咲き、八功徳水で充満している七宝の池を想い描く。

六、宝楼観
浄土の宝石でできた五〇〇億もの楼閣を想い描く。

七、華座観
阿弥陀如来が座る蓮華の台座を想い描く。

八、像想観
観音菩薩と勢至菩薩を従え、蓮華座に座る阿弥陀如来の尊像を想い描く。

九、真身観
阿弥陀如来の真実の姿を想い描く。

十、観音観
観音菩薩の真実の姿を想い描く。

十一、勢至観
勢至菩薩の真実の姿を想い描く。

十二、普観
自分自身が往生し、蓮華の上に生まれる姿を想い描く。

十三、雑想観
以上の一から十二までの有様を総合的に想い描く。

九種の往生法

下品			中品			上品		
下生	中生	上生	下生	中生	上生	下生	中生	上生

下品の人々は大乗仏教の説く諸行を修めることもなく、また、戒律を守ることなく過ごしている。だが、最後に念仏を称えることによって罪業は滅し、往生が叶うとしている。

中品の人は、仏教の戒律を守り、あるいは、世俗の善根功徳を広く修めてきた人々であり、念仏を称えることによって往生を叶える。

上品の人は大乗仏教の説く諸々の行を修めてきた人々であり、念仏を称えることによって往生を叶える。

『阿弥陀経』

極楽浄土の荘厳な世界を生き生きと示す釈尊の言葉

荘厳な極楽浄土の世界

「浄土三部経」のなかで最も短い『阿弥陀経』は、一世紀頃の北インドで成立したとされる教典である。

『阿弥陀経』では釈尊が荘厳な極楽浄土の情景を語り、浄土に往生できる実践方法として称名念仏を説く。そしてその構成は、多くの仏が念仏者を護り、念仏往生を証明するというかたちになっている。

ではこの極楽浄土がどのような世界なのか、そこに行くためにはどうすればよいのか、『阿弥陀経』に従い紹介する。

舎衛城の祇園精舎において釈尊が、十大弟子のひとり舎利弗に向かって極楽浄土の様子を語り始める。

「これより西方、十万億の仏国土を過ぎたところに、極楽という世界があり、そこには阿弥陀仏がおられて教えを説き続けている。その世界は苦しみがなく真の楽しみがある。ゆえに極楽

『阿弥陀経』の構成

○極楽浄土の情景
釈尊が弟子の舎利弗に話しかける構成で、金銀財宝に飾られ、瑠璃色に輝く極楽浄土の荘厳な風景を、その名の由来とともに紹介する。

▼

○極楽往生の方法
極楽浄土に往生するためにはどうすればよいかというテーマのもと、釈尊は、少々の善行では往生できないので、多くの功徳を備えた「南無阿弥陀仏」の称名念仏を説く。

▼

○あらゆる世界の諸仏による往生法の証明
あらゆる世界の多くの仏たちが、称名念仏による往生が真実であることを証明する。

▼

○あらゆる世界の諸仏による護念
あらゆる世界の多くの仏たちが、念仏を称える者たちを護り、導くことを説く。

と呼ぶ」とその世界観と由来を説き明かしている。

次に極楽浄土の豪華絢爛(ごうかけんらん)な様子を詳しく描写している。

「極楽浄土は四種類の宝石でできた欄干(らんかん)、カーテン、並木に取り囲まれている。そして七種類の宝石でできた池があり、そこには青、黄、赤、白の美しい色の車輪のような蓮華(れんげ)が浮かび、清らかな香りを放っている。その周囲の道は金、銀、水晶、瑪瑙(めのう)などあらゆる宝石で飾られている」

さらに、「極楽浄土には妙(たえ)なる音楽が流れ、常に曼陀羅(まんだら)の花が降り注ぎ、尊い色をした鳥たちが美しい音色で鳴いている」と続く。

まさに苦悩がなく真の楽しみに彩られたきら

びやかな世界が現出している。

また、極楽浄土を紹介するなかで、最後に釈尊は「阿弥陀仏」の名が「無量」を意味する「アミタ」に由来することを語る。

●諸仏が証明する念仏の素晴らしさ

ではどうすれば極楽に生まれ変わることができるのか。

釈尊は少ない功徳しかない善根では浄土に往生することはできないと戒めたうえで、ただひたすら一心不乱に称名念仏を行なえば往生はできると説く。

そして、それを証明しているのが東西南北と上下、あらゆる世界に限りなく存在する六方の諸仏である。

諸仏は阿弥陀仏と極楽浄土、そして念仏の素晴らしい功徳を褒め称え、この教えが真実であることを証明した。

そして最後に阿弥陀仏の念仏の功徳を讃えたようにこれらの諸仏は、釈尊が念仏往生を説き勧めることを褒め称え、「この五濁（ごじょく）の世界で、世界のすべての人々にすぐれた浄土往生の教えを説くことはとてつもなく大変なことであった」と述べたことを紹介している。

全国の浄土式庭園

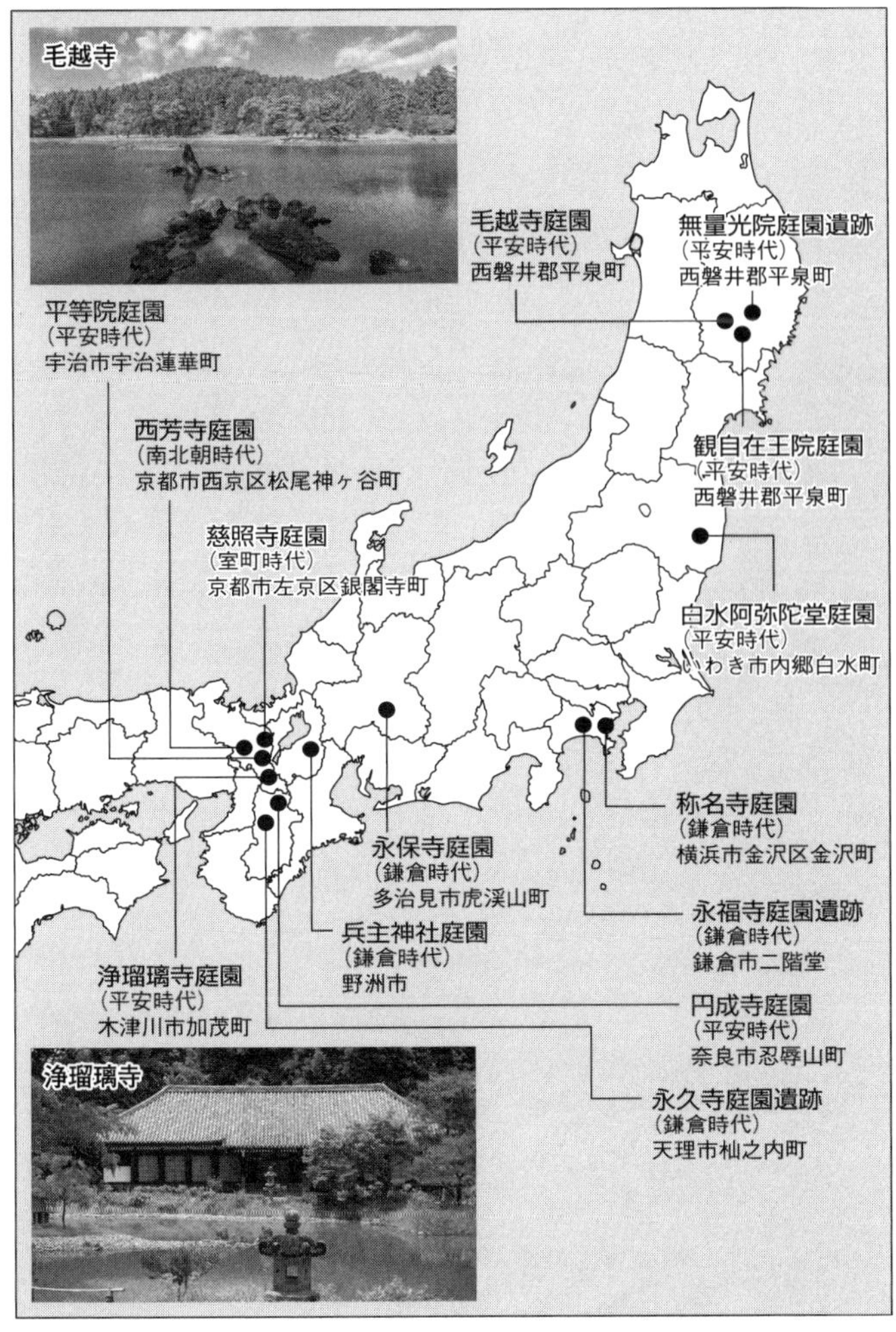

※禅式との折衷庭園も含む。

平安時代末期以降広まった末法思想、浄土思想の影響で、極楽往生を願う権力者たちは、こぞって浄土世界を模した庭園を築いた。

法然の三段階の選び取り

八万四千の教えのなかから称名念仏に至る

法然の教えを体系化した著作

法然が生涯をかけて説いた念仏の教えとは具体的にどのようなものだったのだろうか。

法然の教えを体系化した著作が、九条兼実の願いにより一一九八（建久九）年に成立した『選択本願念仏集』である。その主題は阿弥陀仏が極楽浄土に往生するための行として念仏一行を選び取り、その他の諸行を選び捨てて本願として定められ（選択本願念仏）、釈尊や諸仏もそれに同調していることを説いたものだ。

同時に、そこには称名念仏にいたる構造が述べられている。万人救済の道を求めて比叡山で修行していた法然は、純粋な宗教的救済を求めて黒谷に遁世した。そして善導の『観経疏』の本願念仏の教えを知り、たちどころにほかの道を捨てて念仏に帰入した。その「選び取り」こそ同書のもう一本の柱となるものである。

著作のなかで法然は聖道に対する浄土、雑行に対する正行、助業に対する正定業を選び取るという三段階の構造を説いて専修念仏への道筋を示し、専修念仏こそ最も優れた教えだと

念仏選び取りの経緯

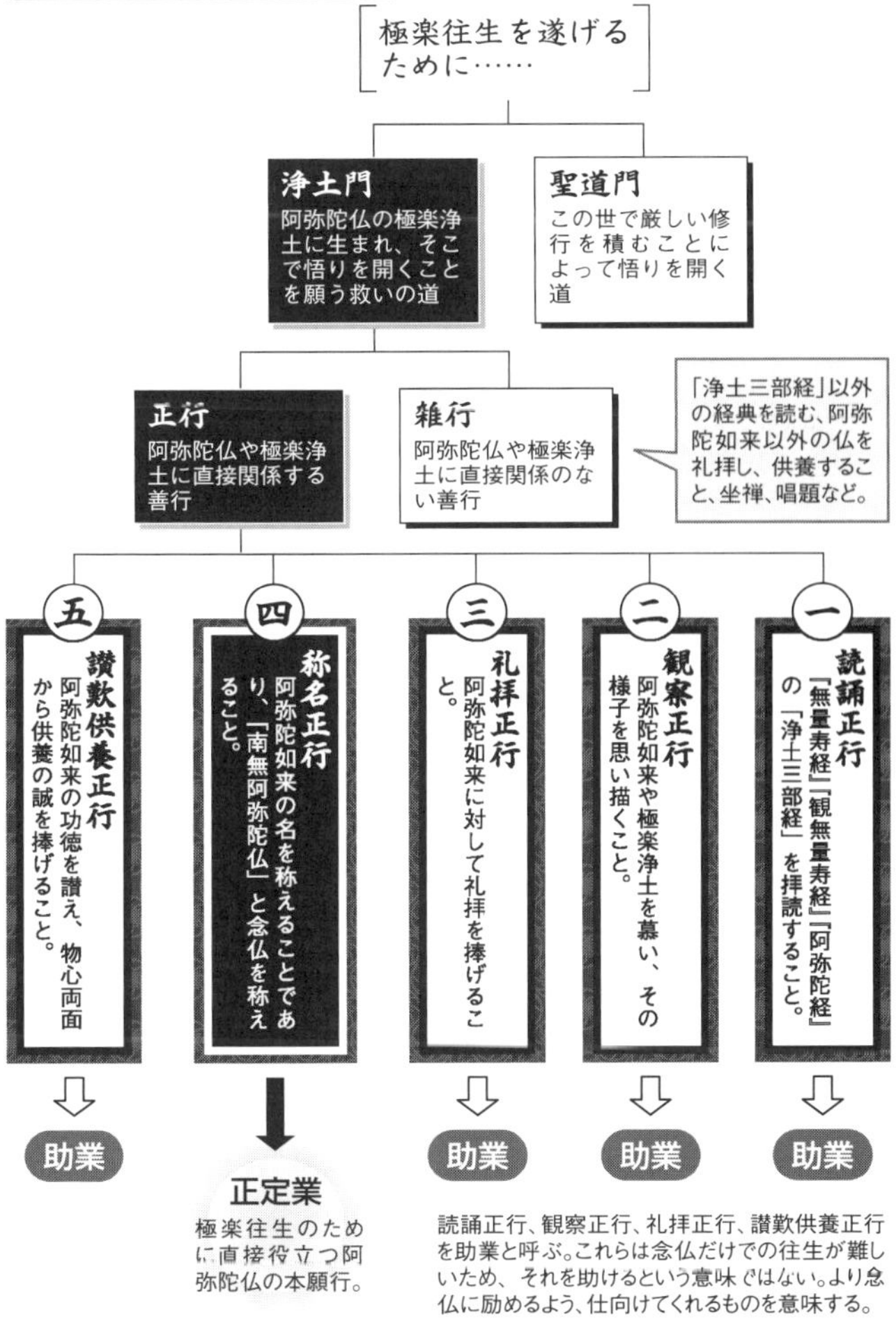

極楽往生を遂げるために……

浄土門
阿弥陀仏の極楽浄土に生まれ、そこで悟りを開くことを願う救いの道

聖道門
この世で厳しい修行を積むことによって悟りを開く道

正行
阿弥陀仏や極楽浄土に直接関係する善行

雑行
阿弥陀仏や極楽浄土に直接関係のない善行

「浄土三部経」以外の経典を読む、阿弥陀如来以外の仏を礼拝し、供養すること、坐禅、唱題など。

一 **読誦正行**
『無量寿経』『観無量寿経』『阿弥陀経』の「浄土三部経」を拝読すること。
→ 助業

二 **観察正行**
阿弥陀如来や極楽浄土を慕い、その様子を思い描くこと。
→ 助業

三 **礼拝正行**
阿弥陀如来に対して礼拝を捧げること。
→ 助業

四 **称名正行**
阿弥陀如来の名を称えることであり、「南無阿弥陀仏」と念仏を称えること。
→ **正定業**
極楽往生のために直接役立つ阿弥陀仏の本願行。

五 **讃歎供養正行**
阿弥陀如来の功徳を讃え、物心両面から供養の誠を捧げること。
→ 助業

読誦正行、観察正行、礼拝正行、讃歎供養正行を助業と呼ぶ。これらは念仏だけでの往生が難しいため、それを助けるという意味ではない。より念仏に励めるよう、仕向けてくれるものを意味する。

法然は、仏教の教えについて浄土門と聖道門に分け、救いの道である浄土門の選び取りを提言する。次に浄土門における修行方法では正行を選び取り、５つの正行のなかから、正定業として阿弥陀仏の本願行である称名正行を選び取るよう説き、称名念仏が最も優れた教えであると結論付ける。

結論付けている。

法然が提言する三つの選び取り

では三つの選び取りを具体的に紹介したい。第一段階では、まず生死輪廻する世界から解脱する方法として、阿弥陀仏の救いの力を頼み極楽に往生する浄土門と、厳しい修行によって悟りを開く聖道門とを挙げ、救いの道である浄土門を選び取るよう提言する。

釈尊入滅からすでに一五〇〇年以上。混迷を極める末法の世においては、自力のみによって難解で実践の難しい悟りの道を進むことは困難であり、仏にすがって極楽往生をさせてもらう他力の浄土門こそ易行であり、誰もが救われる道だと説いたのである。

第二段階では浄土門における修行方法の「行」の選び取りになる。行は阿弥陀仏や極楽浄土に向けられた五つの「正行」とそれ以外の仏・菩薩やそのほかの浄土を対象にした「雑行」のふたつに大別される。法然は万人を救うと説いた阿弥陀仏を対象とした正行を選ぶべしと明示した。

さらに第三段階ではこの正行を実践するにあたっての選び取りである。正行には「浄土三部経」を読誦する読誦正行、阿弥陀仏や極楽を思い描く観察正行、阿弥陀仏に礼拝する礼拝正行、

『選択本願念仏集』への批判

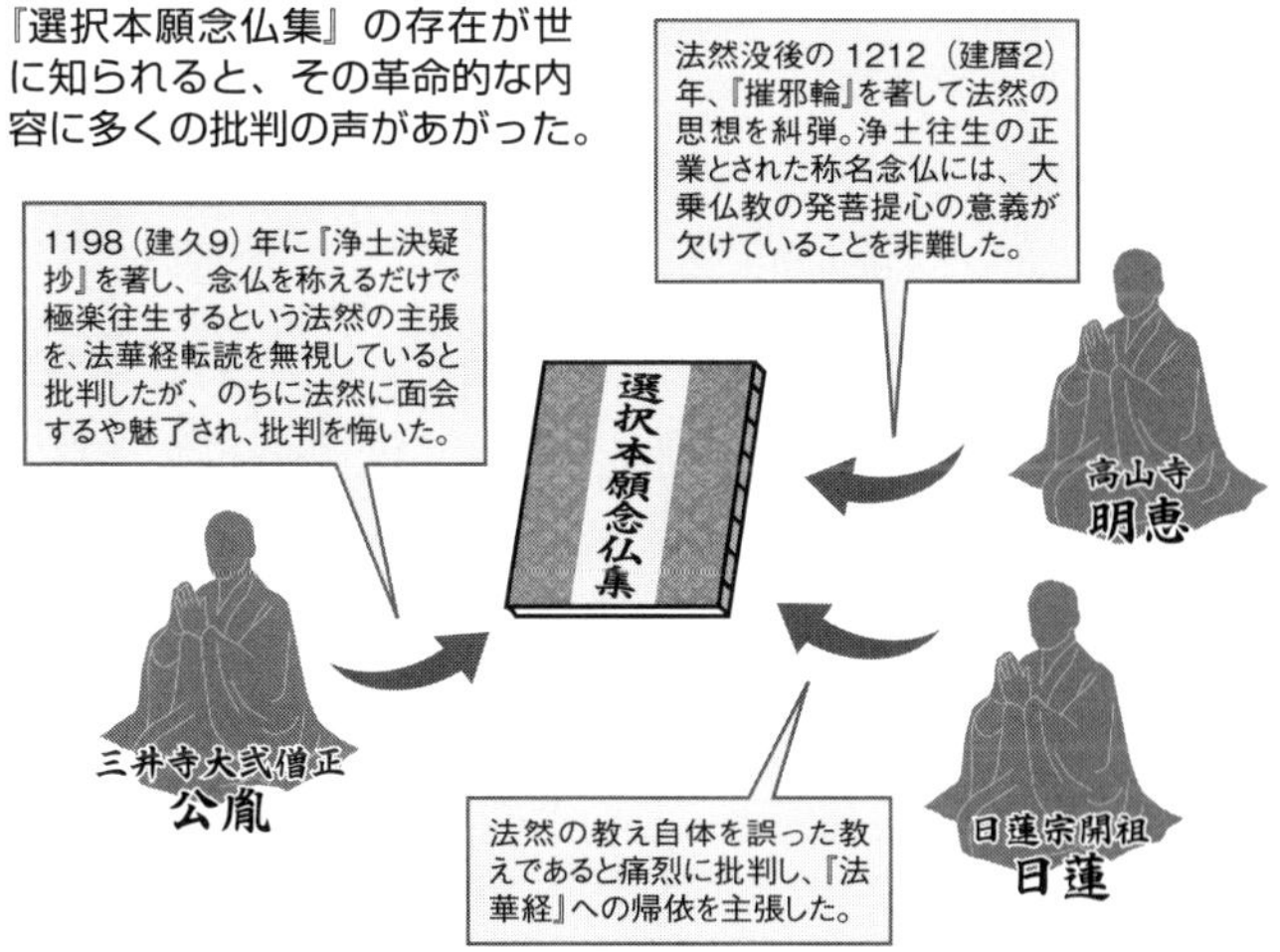

『選択本願念仏集』の存在が世に知られると、その革命的な内容に多くの批判の声があがった。

法然没後の1212（建暦2）年、『摧邪輪』を著して法然の思想を糾弾。浄土往生の正業とされた称名念仏には、大乗仏教の発菩提心の意義が欠けていることを非難した。

高山寺
明恵

1198（建久9）年に『浄土決疑抄』を著し、念仏を称えるだけで極楽往生するという法然の主張を、法華経転読を無視していると批判したが、のちに法然に面会するや魅了され、批判を悔いた。

三井寺大弐僧正
公胤

選択本願念仏集

法然の教え自体を誤った教えであると痛烈に批判し、『法華経』への帰依を主張した。

日蓮宗開祖
日蓮

阿弥陀仏の名を称える称名（しょうみょう）正行、阿弥陀仏を讃え物心両面から供養（くよう）をする讃歎（さんだん）供養正行の五種正行がある。

この五種正行は、正定業と助業に分類される。正定業とは第四番目の称名正行、すなわち選択本願念仏のことである。

ほかの四種類は助業と呼ぶ。称名正行は阿弥陀仏の本願によって「正しく」選び「定め」られ、我々が念仏を称えれば「正に」往生が「定まる」ので、第四番目の正定業を選び取るべきと結論付け、それに対する助業は我々を念仏に向わせる実践としての役割を果たすと説いている。

このように法然は、称名念仏こそが阿弥陀仏の選択本願の行であり、最も大切な行であることを証明しているのである。

『選択本願念仏集』の構成

	篇	内容
①	聖道浄土二門篇	道綽の『安楽集』に基づき、わが身の弱さを真摯に見つめた上で、聖道門の教えではなく、阿弥陀仏の極楽浄土に往生して、そこで悟りを開くことを願う浄土門の教えに入るべきことを説く。
②	雑行を捨てて正行に帰する篇	浄土門に入ったのち、阿弥陀仏や極楽浄土に親しい行である五種正行を専らにし、それ以外の雑行を擲つべきことを説く。さらに五種正行のなかでも称名正行を正定業とする。
③	念仏往生本願篇	『無量寿経』などに基づき、阿弥陀仏が称名念仏を浄土往生の本願行として選択したこと、そのゆえんとして念仏は功徳が勝れ易しい行であるのに対し、諸行は功徳が劣り難しいことなどを説く。
④	三輩念仏往生篇	釈尊が本願念仏一行を立て、諸行を廃していることを説く。
⑤	念仏利益篇	釈尊が、本願念仏は無上・大利の功徳があり、諸行は有上・小利の功徳に過ぎないと述べていることを説く。
⑥	末法万年に特り念仏を留むる篇	釈尊が末法後の一〇〇年間も本願念仏を留め、諸行は滅してしまうと述べていることを説く。
⑦	光明ただ念仏の行者を摂する篇	阿弥陀仏の光明は本願念仏を称える者を照らし、諸行を修める者を照らさないことを説く。

⑧	三心篇	念仏行者が三心（至誠心、深心、回向発願心）を必ず備えるべきことを説く。
⑨	四修法篇	念仏行者が四修（恭敬修・無余修・無間修・長時修）を日々の生活のなかで用いるべきことを説く。
⑩	化仏讃歎篇	阿弥陀仏の化仏が、本願念仏を称えた者を讃歎し、諸行を修めた者を讃歎していないことを説く。
⑪	雑善に約対して念仏を讃歎する篇	釈尊が本願念仏を称えた者を人中の白蓮華（清楚な蓮の華）などと讃える一方、諸行を修めた者を讃えていないことを説く。
⑫	仏名を付属する篇	『観経疏』などに基づき、釈尊が本願念仏をのちの世に付属する一方、諸行を付属していないことを説く。
⑬	念仏多善根篇	釈尊が本願念仏を多善根（功徳の多い善根）とする一方、諸行を少善根（功徳の少ない善根）と述べたことを説く。
⑭	六方諸仏ただ念仏を証誠したもう篇	あらゆる諸仏が本願念仏による浄土往生を証誠（真実であると証明すること）し、諸行による浄土往生を証誠していないことを説く。
⑮	六方諸仏護念篇	あらゆる諸仏が本願念仏を称える行者を護り念じる一方、諸行を修める者についてはその対象としていないことを説く。
⑯	弥陀の名号を以て舎利弗に付属したもう篇	『阿弥陀経』などに基づき、釈尊が本願念仏をのちの世に付属する一方、諸行を付属していないことを説く。そのほか阿弥陀仏・釈尊・諸仏による八種選択、法然による三重の選び取りなどが説かれる。

他力念仏こそ救われる道

阿弥陀仏による選択と法然による三段階の選び取りにより示された専修念仏の教え。法然は念仏には阿弥陀仏のすべての功徳が込められているとした。

法然は念仏を称える心構えとして、自分の力で往生できるという気持ちのまま念仏を称える自力の念仏と、阿弥陀仏を信じ、心からすがってお救い下さいという気持ちで称える他力の念仏の二種類があると説いた。そして、後者の心持ちで称えてこそ救われるとした。救ってほしいという心からの気持ちが阿弥陀仏の本願を信じることにつながるのである。

さらに法然は、善導の教えに基づいて、念仏を称えることによって、阿弥陀仏との間に親縁、近縁、増上縁という三つの縁が結ばれるという功徳がもたらされると説いた。

親縁は阿弥陀仏と念仏者が親しい間柄になることができるご縁。近縁は阿弥陀仏と念仏者が遠く離れず近い間柄になるご縁。増上縁は阿弥陀仏が念仏者を様々に護ってくれるご縁である。

その増上縁については五種増上縁の功徳がある。それは念仏者が積んできた罪の結果、これから先に受ける報いを滅してくれる「滅罪増上縁」、多くの御仏が護ってくれる「護念増上縁」、阿弥陀仏の姿を拝むことができる「見仏増上縁」、念仏者が常に阿弥陀仏の光明に照らされることで、煩悩の働きがとどめられ、命尽きたときに阿弥陀仏が迎えに来て浄土に往生させてくれる「摂生増上縁」、多くの仏が浄土への往生を証明してくれる「証生増上縁」の五つだという。

阿弥陀仏の光明に照らされることについては『観無量寿経』に、「阿弥陀仏の光明はあまねくすべての世界を照らして、念仏を称える者を摂め取って極楽浄土へ迎えられる」という一

念仏がもたらす功徳

「念仏によって阿弥陀仏との間に三縁が生まれる。」

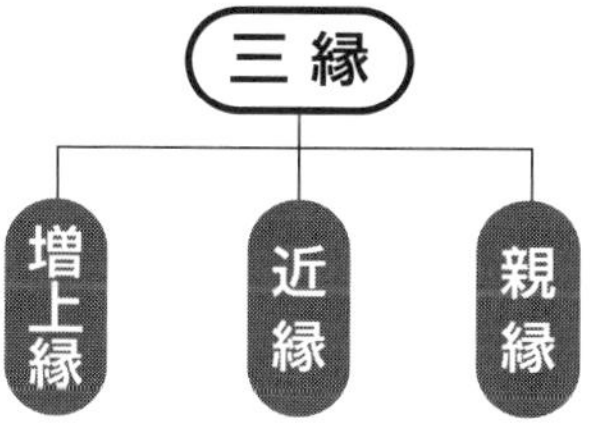

三縁

親縁
阿弥陀仏と念仏者が心から相親しい間柄になることのできる縁。

近縁
阿弥陀仏と念仏者が遠く離れず相近しい間柄となれる縁。

増上縁
阿弥陀如来が念仏者を様々に護ってくれる縁。善導によれば、罪の報いを滅してくれる滅罪増上縁、多くの仏・菩薩が護ってくれる護念増上縁、阿弥陀仏の姿を拝むことができる見仏増上縁、阿弥陀仏の光明に照らされ、臨終の際に迎えに来てくれる摂生増上縁、多くの仏が浄土往生を証明してくれる証生増上縁の五つがあるという。

節がある。法然はこの一節から、

「月かげの　いたらぬさとは　なけれども　ながむる人の　心にぞすむ」

という歌を詠んだ。これは浄土宗の宗歌となっている。

念仏の称え方

このように様々な功徳がある念仏は、どのように称えればよいのだろうか。

念仏の行儀には日課とする尋常行儀、ついつい怠りがちな日課の念仏をより励めるように特定の時や場所を決めて称える別時行儀、そして死に臨んで浄土に迎えられるように称える臨終行儀の三種行儀がある。

このうちの尋常行儀が基本であって、日頃の念仏さえしっかり勤めていれば別時行儀や臨終行儀を修めなくとも構わないのであり、もちろん往生が叶わないということもない。

さて、その日課とする念仏であるが、こちらもいくつかの称え方がある。その代表的方法として「十念」と「念仏一会」、「三唱礼」などがあり、その方法は図に示すとおりである。もちろん念仏は、掃除をしながら、通勤・通学をしながら、いつでもどこでも修めることができることはいうまでもない。

時と場合によって異なる念仏の称え方

三種行儀

尋常の念仏

日常に行なう念仏。

別時の念仏

特定の時と場所を定めて行なう念仏。

臨終の念仏

死に臨んで浄土に迎えられることを願って行なう念仏。

> **法然は日々称える念仏の数は決めておくほうが良いとして日課念仏を勧める。ただし重要なことは数の多少ではなく念仏を手放さないことだという。念仏の数は一遍でも十遍でも極楽に往生できるが、一遍の念仏でも極楽に往生できると信心を固め、生涯、念仏に励むべきであると説いている。**

念仏の称え方には日常・特定の時・臨終の際と３種類の作法がある。これらを総称して三種行儀と呼ぶ。

日常の念仏の称え方

●念仏一会

南無阿弥陀仏
南無阿弥陀仏
南無阿弥陀仏
……

毎日のお勤めにあたり、仏壇の前で時間の許す限り、心静かに念仏を称える。

●十念

1〜8回目 ナムアミダブ(ツ)
▶
9回目 ナムアミダブツ
▶
10回目 ナームアミダブ(ツ)

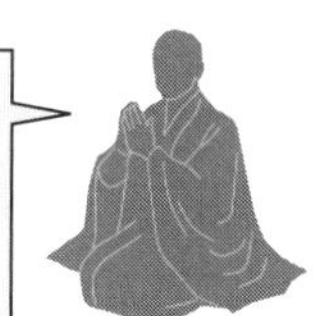

念仏を繰り返し10回称えるなか、1回目から8回目までは「ナムアミダブ」と「ツ」を声に出さないで称え、９回目にひと息いれてから「ナムアミダブツ」と称える。そして最後に再び「ツ」を飲み込んでゆっくりと念仏を称え、頭を下げて礼拝する。

●三唱礼

一　仏壇の前に正座している姿勢から「ナームアーミダーブ」と称えながらゆっくり立ち上がる。

二　「ナームアーミダーブ」と続けて仏像の姿を仰ぎ見ながら称える。

三　「ナームアーミダーブ」でつま先立ちの姿勢になり、ひれ伏して両手の平を両耳の横に上を向けて差し出して礼拝する。

三心

『観無量寿経』に説かれる念仏の心構え

念仏者がそなえるべき三種の心構え

法然は念仏を称える際の心の持ちようを『観無量寿経』に説かれる「三心」と、それを解釈した善導の説示によって説き示している。

三心のうち、ひとつめの至誠心とは阿弥陀仏や浄土に対する裏表のない誠の心である。ふたつめの深心は、いかなる場合にも念仏の教えに疑いを持たない心のことである。そのために法然はまず自分自身のおごり高ぶる心を捨てるべきだと説く。自分の至らなさを自覚して初めて、阿弥陀仏に心から救いを求める境地に至るのだという。三つ目の発願心は自分や他人が積んできた善根の功徳を振り向け、極楽に往生したいと願う心である。

これら三心の肝要はひとすじに阿弥陀仏による救いを願い、一心に念仏を称えることにある。この発願心、広くは三心を説明するにあたり、善導は二河白道の譬えを用いた。ここでは、自身の煩悩や周囲の甘言に振り回されず、強く願往生の心をもって念仏生活を進めれば、阿弥陀仏と釈尊に見守られながら、必ず往生が遂げられると説いている。

念仏の心構え「三心」

至誠心
嘘偽りのない誠の心で
極楽往生を願うこと。

回向発願心
自他の善行をひたすら
極楽浄土の方に振り向
け、往生したいと願う心。

深心
念仏の教えをしっかり信
じ、たとえどんなに非難を
受けても動じない心。

▼

二河白道の譬え

旅人が歩いていると、南に火の河が、北に水の河が現われ、その間を西に向かって白い一筋の道が現われた。後方から盗賊と猛獣が迫るなか、東の岸と西の岸から声が響いてくる……。

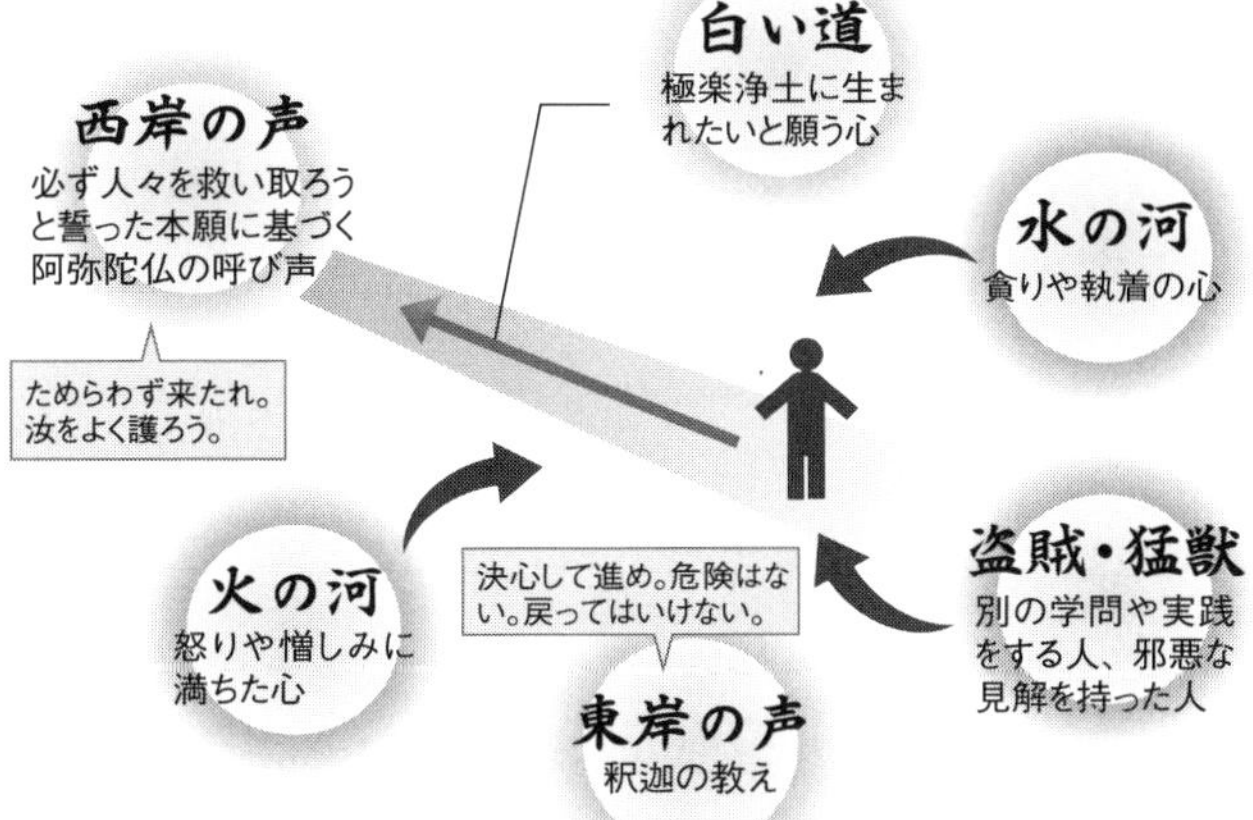

心を一筋にしてまっすぐに進むとは、脇目も振らずに誘惑に負けることなく、横道に逸れず念仏を称えることである。

三心は知的理解だけでなかなか身につくものではない。これについて善導と法然は、二河白道の譬えを示すなどして、ただひたすらに信じて念仏を称えることで自然に備わると説いている。

四修

極楽往生を目指す者が心に留め置くべき日々の生活態度

念仏者の日暮らしの指針

念仏者として日々、どのような生活を送ればよいのか――。これに答えるのが、善導の『往生礼讃（おうじょうらいさん）』や、慈恩大師基（じおんだいしき）（窺基（きき））の『西方要決（さいほうようけつ）』をもとに法然が説いた四つの心得「四修（ししゅ）」。すなわち、恭敬修（くぎょうしゅ）、無余修（むよしゅ）、無間修（むけんじゅ）、長時修（じょうじしゅ）の四つである。

恭敬修は日々阿弥陀仏や極楽浄土、広くはお経や仏像、僧などを敬うこと、無余修とは、あちこち心移りせずに念仏以外の行を修めないこと。これは阿弥陀仏の力を疑っている証であり、ほかの行を積むことで阿弥陀仏や極楽から心が離れることになりかねないからである。もちろんおのずから積まれる善行までを否定するものではない。

無間修は絶え間なく常に念仏を称えていること、長時修は、念仏の教えに帰依（きえ）してから命終（みょうじゅう）を迎えるその時まで念仏を称え続けることである。

すなわち四修は、阿弥陀仏や極楽浄土へ向けた思いを絶やさずに念仏を称え続けるというひと言に尽きる。この四修を心に留め、日常生活を送るのが念仏者の心得なのである。

法然の四修の理解

法然の解釈

阿弥陀如来をはじめ、極楽浄土に集う聖者、経典や仏像を常に尊び重んじること。	念仏以外の行を修めないこと。	常に念仏を称えて間をおかないこと。	念仏に帰依して以降、臨終を迎えるまで勤めること。

[四修]

恭敬修

一、阿弥陀如来や極楽浄土の菩薩たちを敬うこと。

二、極楽浄土の教えに縁の深い仏像や経典を敬うこと。

三、極楽浄土の教えを説き示す僧侶を敬うこと。

四、極楽浄土を目指し同じ道を歩む者を敬うこと。

五、広く仏・法・僧を敬うこと。

悪人正機

法然が捉えた「悪人の往生」とはどんなものか

悪人正機といえば、『歎異抄』の「善人なおもて往生をとぐ、況んや悪人をや」という一節で知られるとおり、法然の弟子で、のちに浄土真宗を開いた、親鸞の言葉として有名である。

ところがこうした考え方は、じつは法然が先鞭をつけたものだといわれている。それは大正時代に醍醐寺で発見された『三心料簡』に「口伝これ有り」と注記してこの言葉とほぼ同じ説示が見られることを根拠とする。

悪人正機の元祖

そもそも、これまで見てきたように法然の人間観は、すべての人間は自力で煩悩を断ち尽くすことなどできない凡夫であるという立場である。

すなわち、法然が「善人なおもて往生す、況んや悪人をや」(『三心料簡』)と語った場合、善人とは人間が弱く愚かな存在であることに無自覚で自力の心の残る者を、悪人とはいかなる仏道修行もかなわずに輪廻を繰り返し、今なお煩悩に覆われて生きるしかない、私という人間存在を

法然による悪人と善人

人間＝凡夫
（すべての人間は煩悩を断ち尽くすことはできない）

「善人なおもて往生す、況んや悪人をや」（『三心料簡』）

弱く愚かな存在であることに無自覚で自力の心の残る者。	善人	⟷	悪人	いかなる仏道修行もかなわずに輪廻を繰り返し、今なお煩悩に覆われて生きるしかない私という人間存在を深く自覚した者。

「罪人なお生まる、況んや善人をや」（『一紙小消息』）

弱く愚かなわが身であることを自覚しつつも、罪を犯さないようにと心がけ、念仏を称えつつ日々の生活を精一杯送る者。	善人	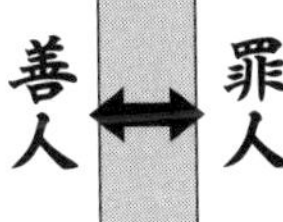	罪人	文字通り罪を犯した者。

深く自覚した者を指している。

その一方で法然は、「罪人なお生まる、況んや善人をや」（『一紙小消息』）とも語っている。

この場合の罪人とは、どのような者を指すのだろうか。それは文字通り罪を犯した者であり、善人とは弱く愚かなわが身であることを自覚しつつも、罪を犯さないようにと心掛け、念仏を称えつつ日々の生活を精一杯送る者を指している。

法然にとって大切なのは、弱く愚かなわが身であることを自覚しつつも、阿弥陀仏を悲しませないよう努めることである。言ってみれば、善人・悪人の枠を超えた「凡夫正機」の立場といえよう。

女人往生

従来の女性観に大革命を巻き起こした法然の主張

仏になれなかった女性

罪人や悪人をも救われると説いた法然は、東大寺での「浄土三部経」の講説において女人往生を唱えた。女性であっても必ず往生できるという思想は、現代の感覚からは普通のことのように思える。

しかし、法然が教えを説いた当時、女性たちは五障三従の身であることを理由に、仏になることも、極楽に往生することもできないとされ、一度男子に変成してからでないと往生できないとされていた。

その五障とは梵天王、帝釈天、魔王、転輪聖王、仏身になることができないという障りである。

なぜ、女性に障りがあったのかというと、インドや中国における女性蔑視の考え方や、女性の月経や出産が、わが国の血を忌む思想と結びつけて考えられてしまったことなどによる。

さらに三従とは、女性は幼いときは父に、嫁しては夫に、老いては子に従わねばならないこ

女人蔑視の背景

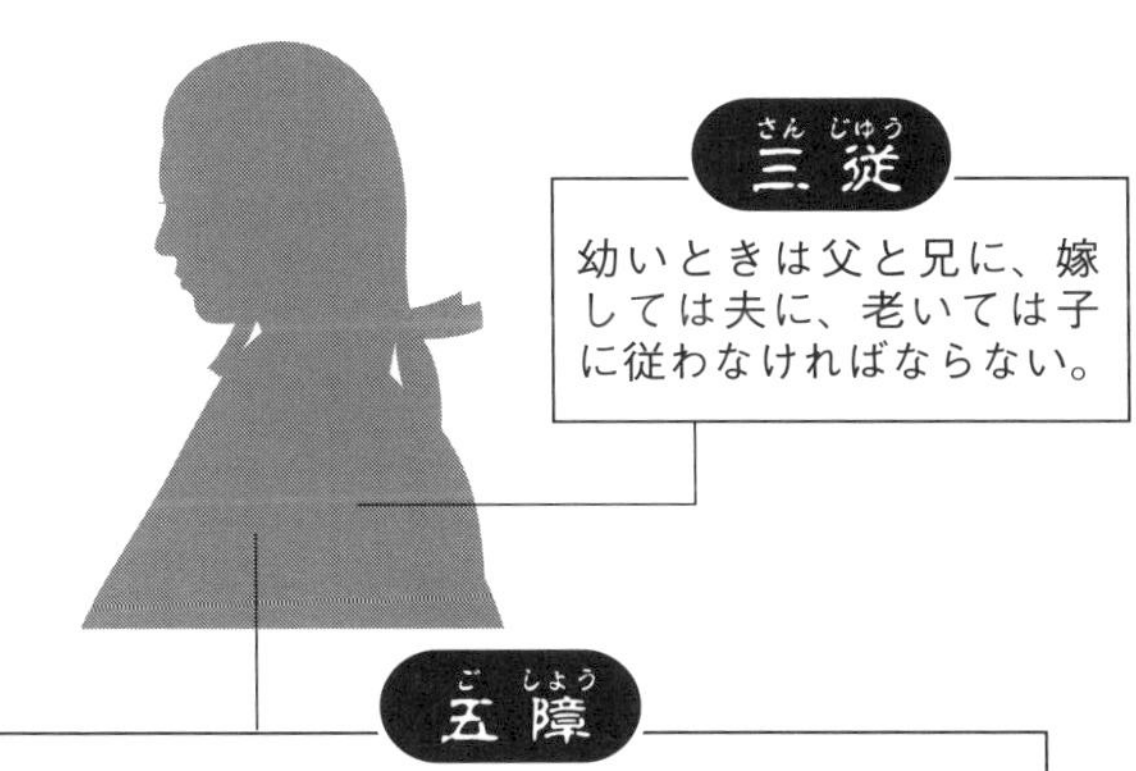

ごしょう
五障

梵天王・帝釈天・魔王・転輪聖王・仏身になることができない。

⬇

インドや中国における男尊女卑の思想や、日本における血を忌む考え方により、女性蔑視が増幅。

▼

12 世紀以降、女性は不浄な存在としていくつかの寺院で立ち入りすら禁じられるようになった。

女性が往生を遂げるためには、1 度男性の身となった（変成男子）後ではなくてはならないとされた。

法然が生きた時代、女性は不浄の存在として極楽往生のできないものと考えられていた。法然は東大寺において阿弥陀如来の第 35 願を根拠として、女人往生を説き、従来の概念を覆し、のち、第 18 願に基づき、男女の隔たりなく平等に救われると説いた。

とを表わしたものだ。

いわば女性は宗教上において不浄な存在として差別されていたのである。そのため比叡山や高野山は女人結界し、女性の寺院立ち入りを規制しており、東大寺でも大仏をはるか遠くから眺めることはできても、扉の内に入って拝むことは許されなかった。

●男女を問わない平等

これに対し法然は『無量寿経』に説かれた阿弥陀仏の第三十五願を根拠に、女性でも救われる、往生できるという女人往生を説いた。

のちにこれは男女の区別なく、すべての人が救われる第十八願へと集約され、様々な法語のなかで説かれていく。

この男女を問わない平等往生は、じつに革命的な教えであった。阿弥陀仏が女人往生や平等往生を願に挙げていたにもかかわらず、それまで広く女性にも往生が認められていることを呼びかけた人はいなかった。法然はこうした女性への差別を覆したのである。

この教えは多くの女性たちにとっては初めて示された救いの道であり、法然のもとには多くの女性たちが帰依した。そのなかには九条兼実の娘や、後白河法皇の皇女式子内親王なども

法然に帰依した女性たち

正如房（しょうにょぼう）	後白河法皇の皇女で、かつて賀茂神社の斎宮を勤めていた式子内親王ではないかといわれる。法然は臨終に際して手紙を送り、必ず往生できるとして安心させ、浄土での再会を約している。
鎌倉二位の禅尼（かまくらのにいのぜんに）	鎌倉幕府初代将軍・源頼朝の正妻で、尼将軍と呼ばれた。臨済宗に帰依していたといわれるが、法然に対して信仰上の質問をしたと考えられ、これに答えた返信の手紙が伝えられている。
室の泊（むろのとまり）の遊女	法然が四国へ流される途中で、ひたすら極楽往生を願って念仏を称えることで救われるという教えを受ける。

平等往生を説く法然のもとには、上流階級から苦しみにあえぐ庶民階級まで幅広い階層の女性たちが帰依している。

いたという。

こうした平等往生の主張は既存仏教の差別性を指摘するものであり、挑戦ともいえた。こうした独自の教えも既存仏教側が法然を危険視するようになる一因となった。

しかし法然は男女の区別なく、すべてを救いとろうとした阿弥陀仏の慈悲の心こそ念仏往生の本願だと考えたのである。

その背景には故郷にひとり残して上洛（じょうらく）した法然の母への思いが込められていたであろう。母を比叡山に登らせることもできず、死後も往生が許されないのであれば、浄土でもまみえることはできない。こうした母への想いが法然に男女を問わない平等往生への道を開かせるひとつの動機になったのである。

法然の戒律観

仏教に定められる戒律への対応

法然にとっての戒律

法然は専修念仏こそ阿弥陀仏の本願であり、念仏を最重要の実践としたが、その一方で法然自身は比叡山にて受戒し、専修念仏に入ってからも弟子や信者たちに戒を授けている。

戒は道徳的な習慣や行ないを意味するもので、律は規則を意味する言葉であり守らねばならない戒めであったが、のちに仏教徒が守るべき約束事を戒律と称するようになった。

仏教では広く仏教徒が守らなければいけない戒めを五戒として定めていた。五戒は殺生を禁じる「不殺生戒」、窃盗を禁じる「不偸盗戒」、不倫を禁じる「不邪淫戒」、嘘を禁じる「不妄語戒」、飲酒を禁じる「不飲酒戒」である。さらにこのほかにも実にたくさんの戒律が説き示されていた。

法然はこうした戒をどう考えていたのだろうか。

法然も比叡山にいた頃は戒律を守ろうと修行に励んでいたが、法然は自分が戒律の教えを守ることができない三学非器の存在であるという絶望感にさいなまれている。また、それは当時の世相に対しても感じるものだった。

「末法のこの世に持戒者がいるというのは、あたかも市の中に虎が放たれているようなものだ」そして「破戒・無戒の者は甚だ多い」とも述べているように、当時の世相から考えても、戒律はなかなか守れないものと感じていた。いわば厳密に戒律を守るという行は不可能であると受けとめていたのである。ならば多くの戒律を守れない者は極楽往生の望みを絶たねばならないのだろうか。

万人救済を求めていた法然がこの疑問の解決としてたどりついたのが、ほかならぬ阿弥陀仏

五戒と八斎戒

八斎戒（月に6回ある六斎日に守るべき戒律）	五戒（仏教徒の基本的な戒律）	戒	内容
八斎戒	五戒	不殺生戒	生き物を殺してはいけない。
八斎戒	五戒	不偸盗戒	他人のものを盗んではいけない。
八斎戒	五戒	不邪淫戒	自分の妻、または夫以外と交わってはいけない。
八斎戒	五戒	不妄語戒	嘘をついて他人を欺いてはいけない。
八斎戒	五戒	不飲酒戒	酒を飲んではいけない。
八斎戒		不塗飾香髪舞歌聴戒	身体に香油を塗ったりして化粧をしてはいけない。また、歌舞音曲を見たり聞いたりしてはいけない。
八斎戒		不眠坐高広厳麗御床上戒	ゆったりとして広く足の高いベッドに寝てはいけない。
八斎戒		不非時食戒	正午以降は食事してはならない。

前述の五戒に加えて仏教では特別な日に在家信者に守らせる三つの戒律があった。これと五戒を合わせて八斎戒と呼ぶ。

の教え、他力の称名念仏であった。すべての人々を救いたいという阿弥陀仏の慈悲（じひ）の心から示された称名念仏こそ、阿弥陀仏自身による時機相応（じきそうおう）の賢明な選択だったのである。

●戒律は仏教徒にとっての大地である

しかし、法然が専修念仏を勧める一方で、自ら戒を保ち、ほかの人に戒を授けているのは矛盾しているのではないかという声もあがった。

なかには法然の教えを曲解し、戒を保つ者を非難したり、戒を犯しても悪びれない者もいた。そうした誤った受け止め方をしている者たちに対して、法然は「できるだけ悪業はせず、善業をなすように」「戒は仏法（ぶっぽう）の大地である」と戒め、仏教徒にとって自らを支える大地にも等しい戒をあえて守ろうとしないのは本末転倒であると諭（さと）した。

無論、その根底にあるのは、「悪を廃し、善を行なうのは諸仏に共通する戒めである。しかし、私たち凡夫は知らず知らずのうちにそれに背（そむ）いてしまう身であるから、阿弥陀仏の名を称え浄土往生を願い求めるのである」という自覚である。

たとえ重い罪を犯した人であっても、自分の過ちを心から反省し、念仏を称えたならば極楽浄土に往生できる。それこそ阿弥陀仏の本願による救いである。

法然の戒律観

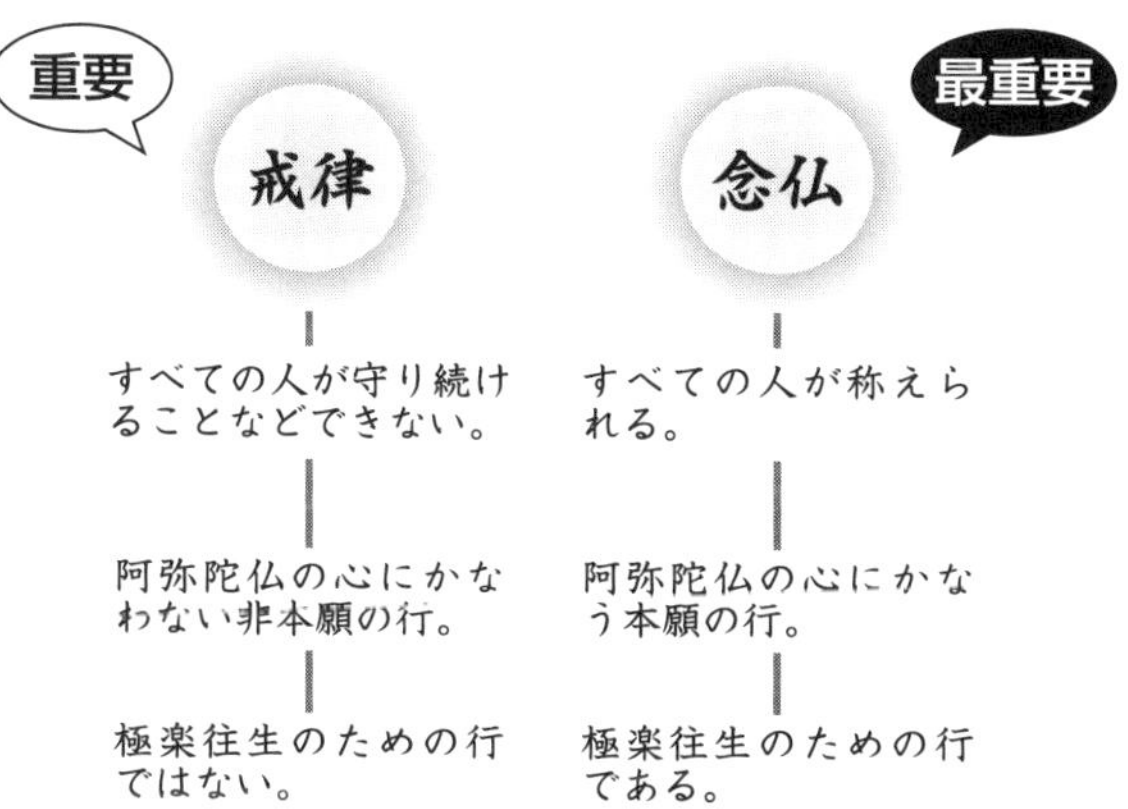

法然は念仏を阿弥陀仏の本願にかなう最重要のものとし、戒律を守ることをはじめとする諸行を阿弥陀仏の本願の行ではないとした。だが、戒律を否定したわけではなく、仏教徒にとってあくまで戒律を守ることは基本的なこととし、行なえる範囲で精一杯努力することを説いた。

唐招提寺

唐より来日した鑑真が創建した唐招提寺。鑑真は僧侶や皇族・貴族など多くの人々に戒を授けて、授戒制度の確立に尽力した。

第五章 極楽往生への道しるべ

一四五箇条問答

信者の素朴な疑問に答えた法然の一問一答

神祇・祭祀を肯定し、迷信を否定

専修念仏の教えを実践し始めると、当時の生活習慣や、日常の生活態度が法然の教えに沿っているかどうか、様々な疑問が浮かんでくる。そんな疑問に対し、問答を行なう形で法然が答えたのが、「一四五箇条問答」である。

このいくつもの問答のなかで法然は神祇・祭祀を肯定し、迷信を否定するなど当時にはなかった合理的な解釈を展開している。

ここではいくつかの問答と回答を紹介し、法然の教えに迫ってみよう。

「念仏を称えているのに腹の立つことが思い出されて心が落ち着きません。どうすればよいでしょうか」という問いに対しては、一心に念仏を称えなさいと答え、別の問答で「ただ一心に念仏を称えれば、そうした妄念などの罪の報いは滅せられ、阿弥陀仏が往生を叶えてくださる」と諭している。

「念仏をしている者が神社に参拝してもよいか」という問いに対しては差し支えないと答える。

それは神に祈っても極楽浄土に往生することが妨げられるわけではないので、差し支えないとしているのである。

弟子たちのなかには念仏以外の教えを否定して、神や仏を一方的に非難する者もおり、これが念仏が弾圧される理由ともなった。しかし、この問答からは、法然自身が伝統的な神祇・祭祀を否定していたわけではないことがうかがえる。ただし、念仏が妨げられるほどの祈りは肯定しない。

また、当時の習俗として知られる物忌みについての質問も多い。

「生後一〇〇日以内の赤ん坊は穢れているためお寺にお参りしてはいけないとされていますが、どうでしょうか」という問いに対しては、「べつに差し障りはない。赤ん坊に汚いものがついているわけではない」と答える。

これについてはほかにも忌みの日には参詣しないほうがよいのかという質問がいくつか出されているが、どれに対しても構わないという答えで一貫しており、仏教には忌み、穢れなどはないという見解を示している。

また、戒で禁止されている飲酒は良いかという質問に対しては、「本当は飲まないほうがよいが、これも世の倣いだから仕方がない」となかなか現実的な回答をしている。

問 生まれて一〇〇日以内の赤ん坊は、穢れているのでお寺などにお参りしてはいけないと言いますが、どうなのでしょう。

法然

差しさわりはありません。なにも汚いものがついているわけではありません。それに汚いといえば、赤ん坊に限ったことではないでしょう。（第10条）

問 百万遍の念仏を一〇〇回修めれば必ず浄土に往生すると言われますが、命は短く、修められそうにありません。どうしたらいいのでしょうか。

法然

それは間違った考えです。百万遍の念仏を一〇〇回修めても、また一〇遍の念仏でも一遍の念仏でも往生できるのです。（第11条）

問 長い間、輪廻を離れ、迷いと苦しみの世界（三界（さんがい））には決して生まれたくないと願って、極楽に生まれても、そこでの縁が尽きてしまうとこの世に戻って生まれるというのは本当でしょうか？　また、三界に戻らなければならないとしたら、それはどんな悪い行ないによるのでしょうか。

法然

それはみな誤りです。極楽に一度生まれたならば、永久にこの世に戻ることはありません。ただし、人を導こうとする場合には、この世に還ってくることがあります。また、三界を離れ、極楽往生を遂げるには、念仏を称えるしかありません。よくよく念仏をしなさい。（第27条）

問 お経は僧から教わるべきでしょうか。

法然

自分で読むことができるならば、僧から教わらなくてもかまいません。（第47条）

一四五箇条問答の例

問　歌を詠んだりするのは罪でしょうか。

法然　必ず罪となるわけではありません。場合によっては罪になりますが、功徳にもなります。（第56条）

問　月経のとき、経典を拝読するのはいかがでしょうか。

法然　差し支えがあるとは思われません。（第75条）

問　出家していませんが、極楽に往生できるのでしょうか。

法然　在家のままで往生を遂げる人はたくさんおります。（第102条）

問　忌み日の八専（陰暦の壬子から癸亥までの十二日のうち八日間）の日にはお参りしないというのは本当でしょうか。

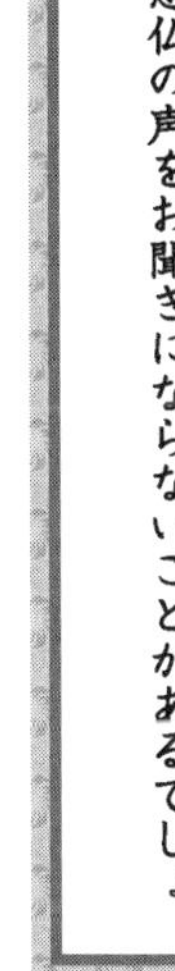

法然　そんなことはありません。阿弥陀様が念仏の声をお聞きにならないことがあるでしょうか。（第120条）

問　出家するには、若いときと、年をとってからとどちらが功徳があるでしょうか。

法然　年をとってからの出家でも功徳は得られるでしょう。もちろん若いときの出家はなお結構です。（第128条）

法然の手紙

念仏者たちへ向けた愛といたわりの言葉

極楽浄土での再会を約束

法然の手紙は現在、三〇数通が残されている。その多くは門弟たちや念仏帰依者の信仰上の疑問に答えたものであり、法然は相手の人柄に合わせ、わかりやすく教えを説いている。

法然が手紙を出した人には女性も多く、よく知られたのが正如房宛の手紙であろう。正如房については、高貴な人物とは予測されていたものの、具体的に誰なのかは不明であったが、近年、後白河法皇の皇女式子内親王ではないかという説が注目されている。

臨終間近となった正如房が法然に今一度の対面を願ったことに対する返書としてしたためられたこの手紙は、法然の確固とした信仰とともに全文こまやかな慈しみの心が手に取るように伝わる手紙となっている。法然は正如房の病状を気遣う一方で、この世での一時の対面はどうでもよく、お目にかかれば執着の想いが残ってしまうと、対面を丁重に断っている。それは法然の確固とした信仰心からの言葉であり、念仏を称えれば必ずや極楽往生できると力強く励まし、浄土での再会を約束している。臨終が迫る正如房に対し、この手紙は何よりの心の安らぎにな

式子内親王の生涯

1149（久安５）年	母を藤原成子とし、後白河天皇の第３皇女として生を受ける。
1159（平治元）年	10 月、内親王宣下を受け、吉凶を占い斎院に。以後、賀茂神社に奉仕する。
1169（嘉応元）年	７月、病により斎院を退下。
1181（養和元）年	このころから藤原定家との交流が始まる。
1185（元暦２）年	８月、准三宮としての宣下を受ける。
1192（建久３）年	後白河院崩御に伴い、大炊御門殿などを遺領として譲られるが、時の関白九条兼実に横領される。
1196（建久７）年	橘兼仲事件に連座した嫌疑で洛外追放となる。
1199（正治元）年	大炊御門殿へ移るも病がちとなる。
1201（建仁元）年	１月 25 日、死去。享年 53。

ったに違いない。

また、一二〇五（元久二）年の秋、法然は鎌倉二位の禅尼（北条政子）にも手紙をしたためている。政子は臨済宗の栄西に帰依していたが、残された手紙からは時には法然の教えを乞うこともあったらしい。じつは当時の幕府は法然や念仏教団を不審の目で見ていたようだ。そのため政子が念仏の功徳などについて質問したのである。今、残る手紙はその返書である。そのためか法然の手紙も慎重な内容になっており、念仏を無智の人にのみ勧めているという誤りを正し、念仏者となった熊谷直実らを側面支援している。

法然はその熊谷直実にも手紙を送っている。直実は質実で剛直な武士だったせいか、時には手荒な仕打ちに及ぶこともあり、たびたび法然に指導を仰いでいた。
そんな直実からの質問に対し、法然は念仏者の心構えなどをしたためており、親孝行は仏の本願ではないが、できる範囲で高齢の母親を大事にするように、と慈愛に満ちた言葉を送っている。

教えの真髄が凝縮された「一紙小消息」

数々の手紙の中でも教えの真髄（しんずい）を説いた名文とされているのが「黒田の聖人（くろだのしょうにん）」に宛てた手紙である。

黒田の聖人とは東大寺の勧進職（かんじんしょく）で東大寺の再建に尽くした重源（ちょうげん）か、その周辺の人物ではないかとされるが、今も明らかになっていない。「黒田の聖人への手紙」は「一紙小消息（いっしこしょうそく）」とも呼ばれ、「一枚起請文（いちまいきしょうもん）」とともに大切にされてきた。そこでは「阿弥陀仏の化身とされる善導でさえ、自身が凡夫であるとおっしゃっている。凡夫でない者などいようはずがないではないか」という絶対的な人間観を示した上で、極楽浄土はどんな罪人でも念仏を称えれば往生できると記す。なぜなら念仏は阿弥陀仏自身が我々の極楽往生を叶えるために選び取った行であるからだと簡潔にまとめている。

法然からの手紙を受け取った人々

法然は生涯のなかで多くの手紙をしたためている。その多くは門弟たちや帰依者の信仰上の疑問に答えたものであり、これらに対して法然は相手の人柄に合わせてわかりやすくその教えを説いている。

一枚起請文

専修念仏の教えを簡潔に記した法然の絶筆

一筋に本願念仏を伝えて生涯を閉じる

一二一二（建暦二）年正月二十三日、法然は臨終を目前に弟子源智の願いを聞き入れて念仏の肝要を一枚の紙にしたためた。これは「一枚起請文」と呼ばれるもので、その内容は法然が生涯を通して説いてきた本願念仏の意義、心構え、態度など、その教えの真髄を簡潔に説明したものである。

法然の絶筆ともいうべきこの文書は、法然が阿弥陀仏と釈尊に対して嘘偽りのないことを証明した誓いの書であるため、「起請文」であり、また「御誓言の書」とも呼ばれ、現在、京都黒谷金戒光明寺に蔵されている。

まず、その内容は改めて念仏の意味について端的に記しており、「私の教えは中国の高僧が教えてきた観念の念仏でも、念仏の意味合いを深く理解したうえで称える念仏でもない。ただ極楽浄土に往生すると思い定めて一心に「南無阿弥陀仏」と称えること以外は何もない」という。そして、その心構えや態度についても、「念仏を称える際に必要とされる三つの心構え

一枚起請文

唐土(もろこし)我朝に、もろもろの智者達の、沙汰し申さるる観念の念にもあらず。

また学問をして、念のこころを悟りて申す念仏にもあらず。

ただ往生極楽のためには、南無阿弥陀仏と申して、うたがいなく往生するぞと思い取りて申す外には別の仔細候わず。

ただし三心四修と申すことの候うは、皆決定して南無阿弥陀仏にて往生するぞと思ううちにこもり候うなり。

この外に奥ふかき事を存ぜば、二尊のあわれみにはずれ、本願にもれ候うべし。

念仏を信ぜん人は、たとい一代の法をよくよく学すとも、一文不知の愚鈍の身になして、尼入道の無智のともがらに同じうして、智者のふるまいをせずしてただ一向に念仏すべし。

証のために両手印をもってす。

浄土宗の安心起行この一紙に至極せり。源空が所存、この外に全く別義を存ぜず、滅後の邪義をふせがんがために所存をしるし畢んぬ。

建暦二年正月二十三日大師在御判

(三心(さんじん))と四つの態度(四修(ししゅ))も、深く考えなくても念仏を称えていればおのずと具(そな)わってくる」と断言する。

さらに法然は、次のように続ける。なおも疑い、この念仏の尊い意義が理解できない人を諭すかのように「私、法然が、この専修念仏により奥深い教えがあると受け止めていたならば、私自身が阿弥陀仏や釈尊の慈悲の心から外れてしまうことでしょう」と起請して、「念仏を信じる人は、仏教をしっかり学んだ人であっても自ら何も知らない愚か者だと自覚して阿弥陀仏の慈悲の心を信じてひたすら念仏を称えなさい」と結んでいる。

そしてこれを記した二日後、法然は八〇歳の生涯を閉じたのである。

こらむ

二十五霊場を巡る⑥

二尊院

法難を避けるため法然の遺骸が一時改葬された寺院

京都市右京区の嵯峨にある二尊院は、八三五（承和二）年に天台宗第三世円仁が創建し、のち法然の弟子湛空が念仏の道場として発展させた。

法然の死から十五年後、浄土宗への弾圧が強まり、法然の遺骸が大谷の墓所から掘り起こされるという噂が広まった。そのとき弟子たちは一時的に遺骸をひそかに二尊院に改葬したという。遺骸は最終的に粟生光明寺で荼毘にふされた。

この伝承を物語るかのように、二尊院の西の丘の上に法然の分骨を納めた雁塔が建立され、今に伝えられる。

【和歌】
足曳の　山鳥の尾の　しだり尾の
永々し世をいのるこの寺

アクセスデータ

京都市右京区嵯峨二尊院門前長神町／JR山陰本線「嵯峨嵐山」駅下車、徒歩15分。

終章

法然を継ぐ人々

法然を巡る人々

専修念仏の教えを受け、浄土宗の教えを定着させた人々

あらゆる階層に信者を増やす

法然のもとには、庶民のみならず貴族・武士・女性とあらゆる階層の人々が集まった。貴族層の代表は摂政や関白を歴任した九条兼実であり、法然に『選択本願念仏集』を著すように勧めた人物だ。武家層では熊谷直実や津戸為守など鎌倉武士が多く帰依した。こうした貴族層や武士層が、法然の教化活動を経済的に支えていたようだ。平氏方にも帰依者は見られ、平清盛の子・重盛や重衡も法然に帰依していたとされている。

このほか庶民や女性の帰依者も多く、庶民では盗みに入った先で教えを聞き、即座に帰依したという耳四郎が知られる。

女性の帰依者も兼実の娘や正如房など上流階級から武士の妻、遊女など庶民にまでおよんだ。法然の弟子・源智が法然の一周忌を期して造立した阿弥陀仏像の胎内に納めた交名帳の交名も三割近くを女性が占めていた。門弟は一九〇名ともされるが、法然の死後、一派を形成した者も多い。とりわけ聖光、証空、幸西、隆寛、長西の五派がよく知られている。

法然ゆかりの人々（胎動編）

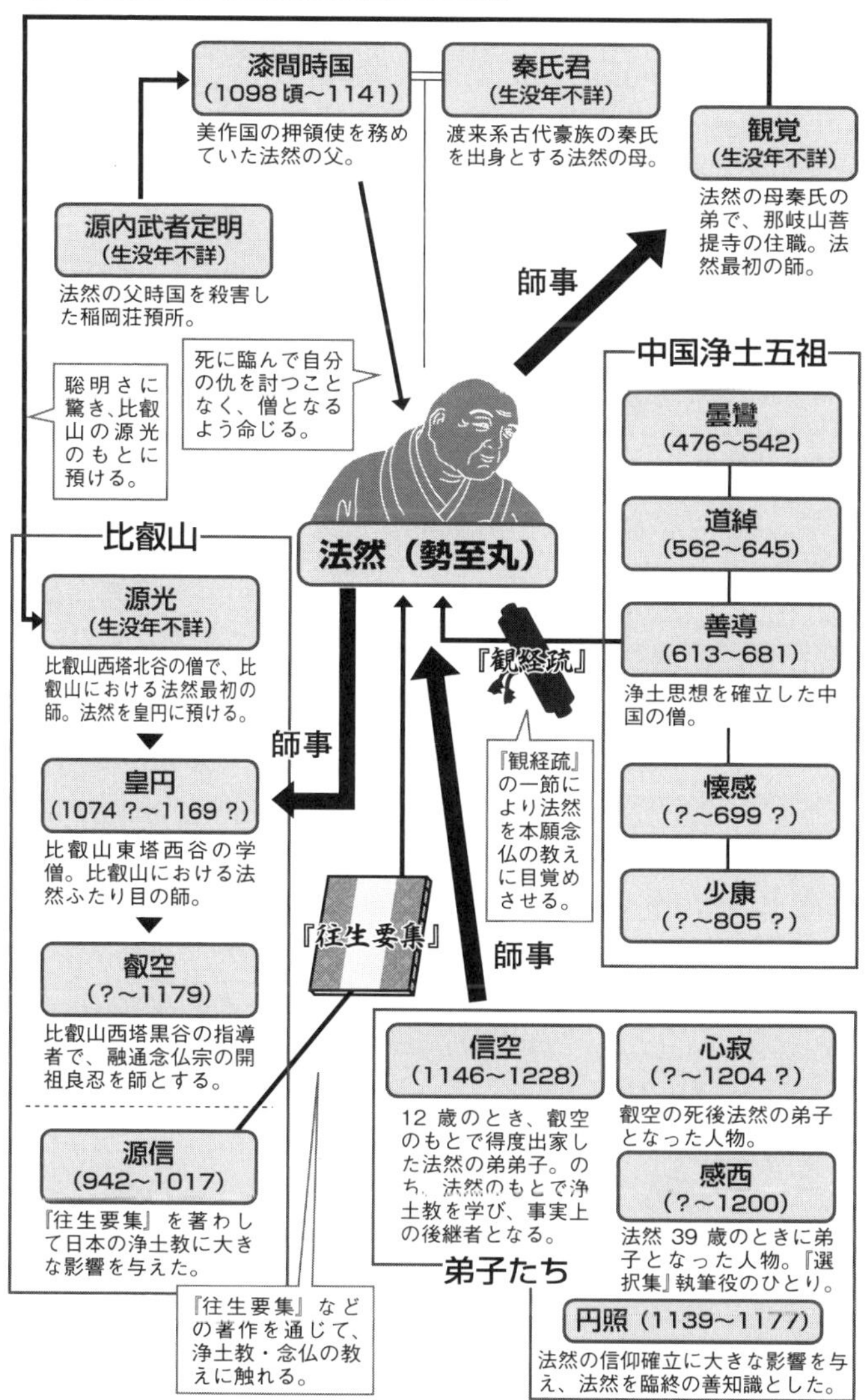

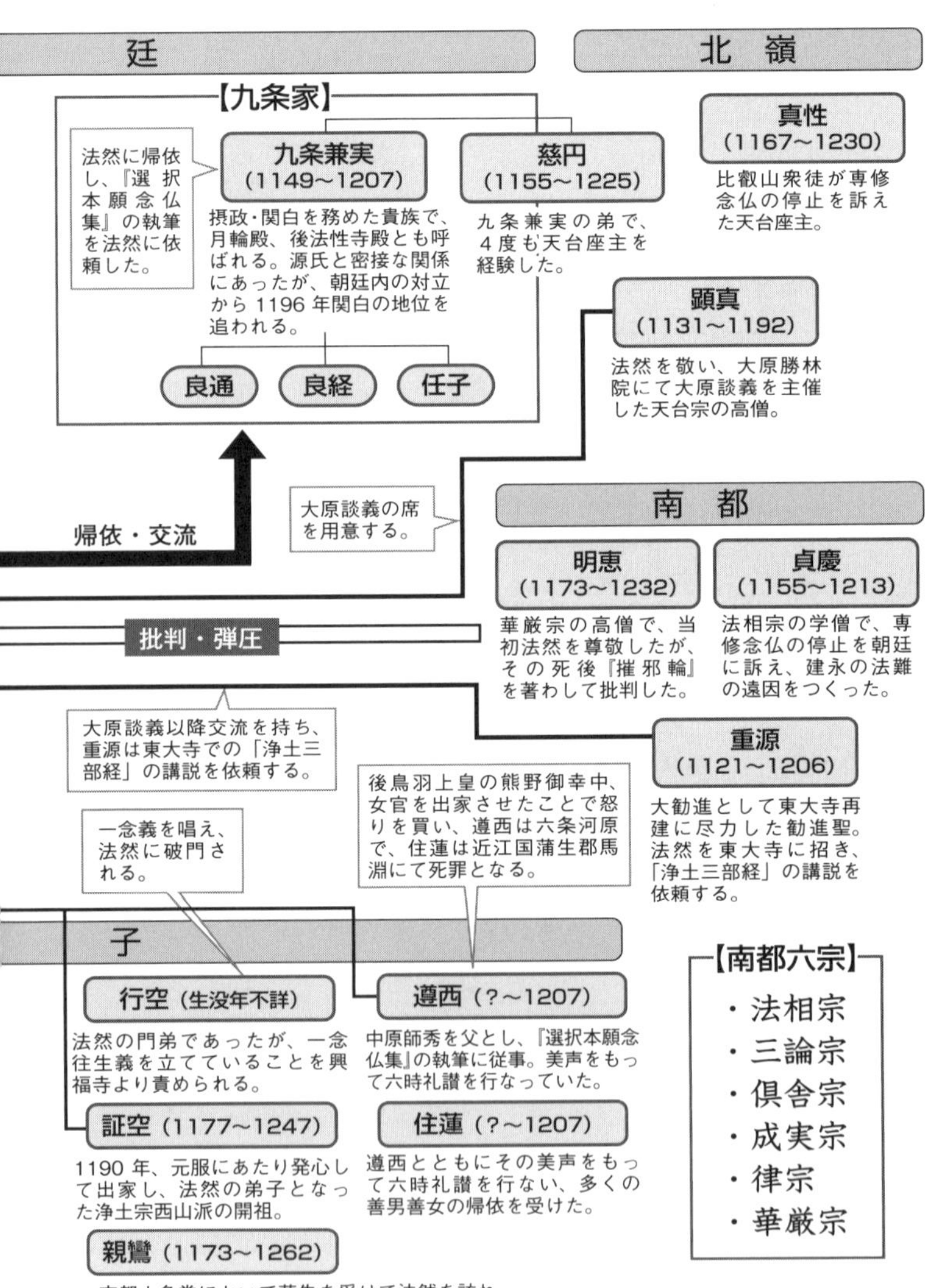

廷
北嶺
【九条家】
法然に帰依し、『選択本願念仏集』の執筆を法然に依頼した。
九条兼実
(1149〜1207)
摂政・関白を務めた貴族で、月輪殿、後法性寺殿とも呼ばれる。源氏と密接な関係にあったが、朝廷内の対立から1196年関白の地位を追われる。
慈円
(1155〜1225)
九条兼実の弟で、4度も天台座主を経験した。
良通
良経
任子
真性
(1167〜1230)
比叡山衆徒が専修念仏の停止を訴えた天台座主。
顕真
(1131〜1192)
法然を敬い、大原勝林院にて大原談義を主催した天台宗の高僧。
大原談義の席を用意する。
帰依・交流
南都
明恵
(1173〜1232)
華厳宗の高僧で、当初法然を尊敬したが、その死後『摧邪輪』を著わして批判した。
貞慶
(1155〜1213)
法相宗の学僧で、専修念仏の停止を朝廷に訴え、建永の法難の遠因をつくった。
批判・弾圧
大原談義以降交流を持ち、重源は東大寺での「浄土三部経」の講説を依頼する。
重源
(1121〜1206)
大勧進として東大寺再建に尽力した勧進聖。法然を東大寺に招き、「浄土三部経」の講説を依頼する。
後鳥羽上皇の熊野御幸中、女官を出家させたことで怒りを買い、遵西は六条河原で、住蓮は近江国蒲生郡馬淵にて死罪となる。
一念義を唱え、法然に破門される。
子
行空(生没年不詳)
法然の門弟であったが、一念往生義を立てていることを興福寺より責められる。
遵西(?〜1207)
中原師秀を父とし、『選択本願念仏集』の執筆に従事。美声をもって六時礼讃を行なっていた。
証空(1177〜1247)
1190年、元服にあたり発心して出家し、法然の弟子となった浄土宗西山派の開祖。
住蓮(?〜1207)
遵西とともにその美声をもって六時礼讃を行ない、多くの善男善女の帰依を受けた。
親鸞(1173〜1262)
京都六角堂において夢告を受けて法然を訪ね、弟子となった浄土真宗の開祖。
【南都六宗】
・法相宗
・三論宗
・倶舎宗
・成実宗
・律宗
・華厳宗

法然ゆかりの人々（布教編）

武士

【平氏】

平清盛
（1118〜1181）
平氏全盛の時代を築いた平氏の棟梁。太政大臣の位まで昇り詰めたが、熱病にかかって死去した。

重盛
（1138〜1179）
清盛の子で、後継者として期待されたが父に先立って死去した。極楽往生を願い邸宅に48の灯籠（灯篭）を建てていた。

重衡
（1157〜1185）
清盛の子で、武将として活躍し、南都焼き討ちを行なって東大寺や興福寺を焼亡させた。

【源氏】

源頼朝
（1147〜1199）
源氏の棟梁で鎌倉幕府初代将軍。平治の乱後、伊豆に流されていたが挙兵し、源氏の棟梁として平氏を滅亡へ追い込んだ。

北条政子
（1157〜1225）
源頼朝の妻。頼朝の死後、鎌倉幕府の実権を握り、承久の乱などに対処。尼将軍と呼ばれた。

信仰上の疑問を解決するべく手紙を送る。

御家人

津戸為守
（1163〜1243）
源頼朝の御家人。法然に帰依し、信仰上のやりとりを示す法然の手紙が多く残されている。

大胡太郎実秀
（？〜1246）
上野国の御家人であったが、夫婦で法然に帰依し、手紙のやり取りを行なった。

熊谷直実
（1141〜1207）
源頼朝の御家人であったが、源平合戦の渦中で無常を感じ、所領争いを契機に出家。法然に帰依した。

帰依

庶民

室の泊の遊女
四国の配流先へ向かう法然に出会い、その身の境遇を嘆いた。

耳四郎
悪行三昧の日々を送っていたが、法然の説法を聞いて帰依した。

阿波介
陰陽師と伝えられ、7人の妻を持ち、悪業をなす人物であったが、蓄えた財産を妻たちに分け与えて出家した。

高砂の浦の老漁師
四国の配流先へ向かう法然に出会い、殺生を行なわなければならない境遇を嘆いた。

帰依

朝

後鳥羽上皇
（1180〜1239）
後白河法皇の孫で、1183年、幼くして即位。和歌に対する造詣が深く、『新古今和歌集』の編纂を命じた。1221年、承久の乱を起こすも敗れ、隠岐に流された。

ふたりの女官が浄土宗に帰依したことに激怒し、「建永の法難」を招いた。

出仕

鈴虫　**松虫**

帰依

念仏停止の院宣

鎌倉へ連行される途中で教えを乞う。

法然
（1133〜1212）

『選択本願念仏集』の執筆を勧める。

弟

源智（1183〜1238）
平氏一門であったが、平氏滅亡後難を逃れて出家、得度。知恩院・知恩寺第2世となる。

幸西（1163〜1247）
1198年、愛児を失なって法然の弟子となる一念義を主唱した。

聖光（1162〜1238）
天台の奥義を極めたのち、法然に帰依。九州で活動したのち、法然を継いで、浄土宗第2祖となる。

信空　**感西**　**心寂**　**円照**

法然入滅後の浄土宗

迫害に苦しみながらも、現代に受け継がれた教え

●移された法然の遺骸

法然が唱えた万人が救われる本願念仏の教えは、弟子と信徒の心に深く刻まれ、法然滅後も隆盛の一途をたどった。しかし、拡大を続ける教団に対し、これまで以上に批判と弾圧が強まるようになる。とりわけ法然入滅直後の一二一二（建暦二）年に『選択本願念仏集』が木版本として刊行されたため、これに対する反論が一斉に巻き起こるなどした。

そして嘉禄の法難が起こる。専修念仏の拡大を妬んだ定照という人物が『弾選択』という『選択本願念仏集』の批判文を執筆し、これに法然の弟子・隆寛が『顕選択』を著わして反駁。「あなたの偏った批判が当たっていないのは、たとえば暗夜に小石を投げたようなものだ」と再批判したところ、怒った定照は是非を決するために両本を延暦寺に送付した。

もともと法然の浄土宗を目の敵にしていた延暦寺側は、この機を捉えて浄土宗教団の壊滅を画策。一二二七（嘉禄三）年六月二十二日、ついに実力行使に出る。延暦寺の衆徒が東山大谷の地にある法然の墓を襲撃し、遺骸を暴きだそうとしたのである。これを事前に察知した鎌倉幕府の六波羅探題（ろくはらたんだい）の北条時氏（ほうじょうときうじ）は内藤盛政（ないとうもりまさ）に命じ、延暦寺側の襲撃を制止しようとした。盛政の説得にもかかわらず、衆徒がなおも凶行に及ぼうとしたので、盛政は武力で退散させた。

こうした延暦寺側の動きに危機感を募らせた浄土宗教団側ではひそかに協議を行ない、法然の遺骸を改葬することにした。そして宇都宮頼綱（うつのみやよりつな）などの武士に守られながら法然の棺（ひつぎ）は念仏者の多い嵯峨野（さがの）の地に移された。

しかし延暦寺側の弾圧は続く。ついには朝廷を動かし、七月六日には隆寛は陸奥（むつ）、空阿弥陀（くうあみだ）

浄土宗の発展

1175（承安５）年	法然が京都東山吉水の地に草庵を結び、専修念仏の教えを説く。
1207（建永２）年	旧仏教の弾圧により、法然は讃岐に流される。
1211（建暦元）年	法然帰洛し、大谷山上の禅房（現在の勢至堂）に入る。
1212（建暦２）年	法然入滅し、門弟たちが終焉の地である大谷に廟堂を築く。
1227（嘉禄３）年	比叡山の衆徒が大谷廟堂を破却する。
1234（文暦元）年	法然の弟子源智が、法然を開山として大谷の旧房を再興する。
1249（建長元）年	良忠、関東に転じて豪族・千葉氏の帰依を受ける。
1603（慶長８）年	徳川家康が知恩院を永代菩提所と定め、寺領703石余を寄進する。
1607（慶長12）年	後陽成天皇の皇子八宮を知恩院の門跡に定める。
1619（元和５）年	徳川幕府が三門、経蔵を造営、2年後に竣工する。
1697（元禄10）年	法然に円光大師の諡号を賜わる。

仏は薩摩、幸西は壱岐への配流が決定した。そのほかの弟子たちも都からの追放処分となった。そして七月十三日には全国に念仏の禁止令が出されるにいたったのである。

さらに十月、延暦寺の僧たちは『選択集』を、仏教を謗る書として版木も含めて押収し、焼却したいと奏上している。その奏上を受けて三〇〇〇の大衆が集まり、『選択集』が焼却され、焚書となったという。

一方、法然の遺骸はその翌年、十七回忌を期して荼毘にふされた。五年後、遺骨は二尊院に雁塔を建てて納められ、破壊された大谷の廟堂ものちに再建され、知恩院のもととなった。

弟子たちの地方布教

嘉禄の法難の影響で弟子たちは地方へ分散したが、これは専修念仏を衰退させるどころか、地方に広く布教する契機となった。各地に分散した弟子たちから諸派が生まれ、今日の浄土宗諸派の基本となったのである。

法然の死後、その門弟たちによって多くの流派が派生したが、嵯峨門徒、紫野門徒などと地名をもって呼ばれたグループと、思想的にまとまった一念義、多念義などといった流派があった。とりわけ聖光の鎮西義、証空の西山義、幸西の一念義、隆寛の多念義、長西の諸行

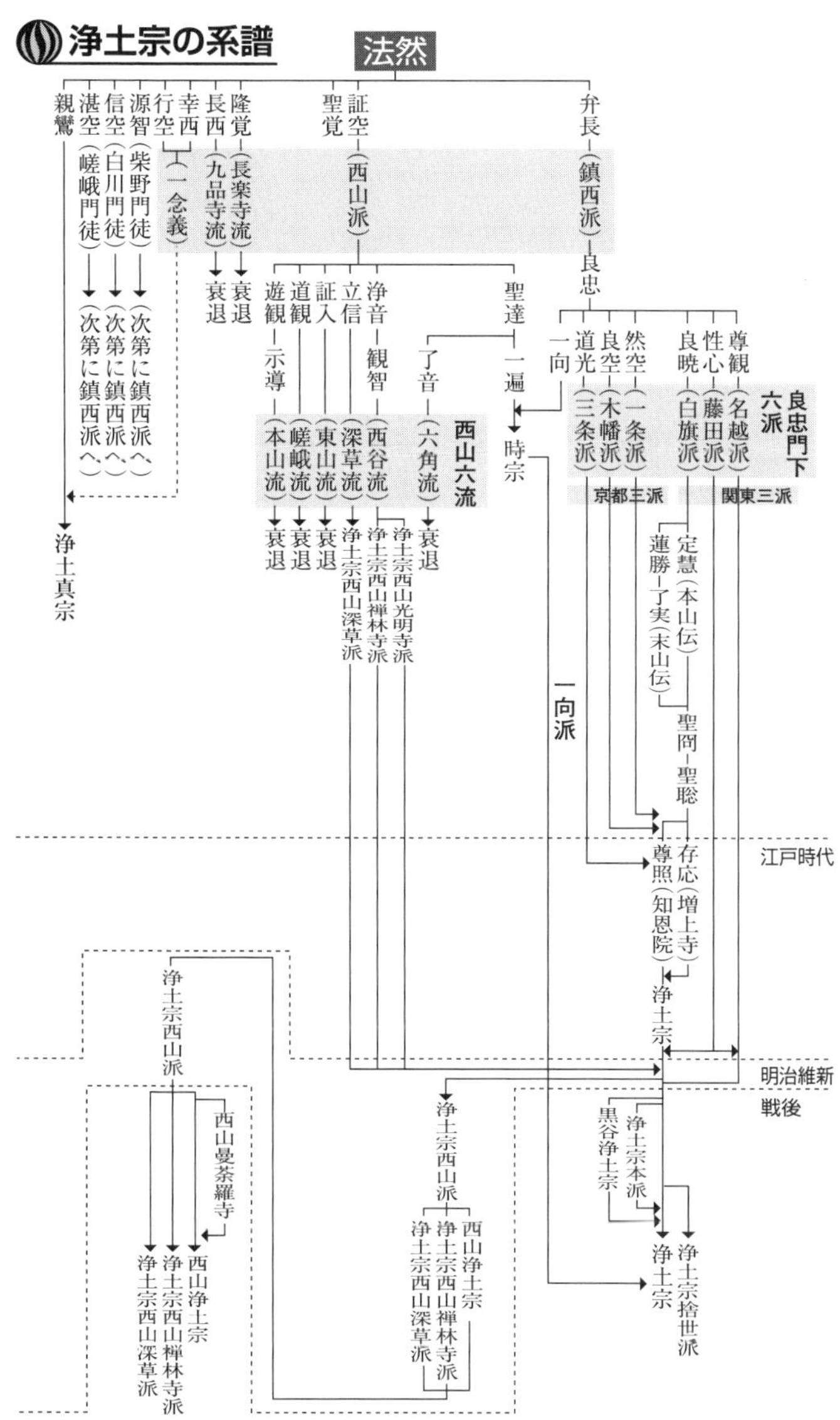
浄土宗の系譜
法然
親鸞
湛空（嵯峨門徒）
信空（白川門徒）
源智（紫野門徒）
行空
幸西
（一念義）
長西（九品寺流）
隆覚（長楽寺流）
聖覚
証空（西山派）
弁長（鎮西派）
良忠
（次第に鎮西派へ）
（次第に鎮西派へ）
（次第に鎮西派へ）
浄土真宗
衰退
衰退
遊観－示導（本山流）
道観（嵯峨流）
証入（東山流）
立信（深草流）
浄音－観智（西谷流）
聖達
了音（六角流）
一遍
時宗
西山六流
衰退
衰退
衰退
浄土宗西山深草派
浄土宗西山禅林寺派
浄土宗西山光明寺派
衰退
一向
道光（三条派）
良空（木幡派）
然空（一条派）
良暁（白旗派）
性心（藤田派）
尊観（名越派）
良忠門下六派
京都三派
関東三派
定慧（本山伝）
蓮勝－了実（末山伝）
聖冏－聖聡
一向派
存応（増上寺）
尊照（知恩院）
浄土宗
江戸時代
明治維新
戦後
浄土宗西山派
西山曼荼羅寺
浄土宗西山深草派
浄土宗西山禅林寺派
西山浄土宗
浄土宗西山派
浄土宗西山深草派
浄土宗西山禅林寺派
西山浄土宗
黒谷浄土宗
浄土宗本派
浄土宗
浄土宗捨世派

本願義(ほんがんぎ)の五派が有名で、前二者の法系は現在まで脈々と伝えられている。

こうした一派の祖となった法然の弟子たちは、およそ自分こそが法然の法灯(ほうとう)を受け継ぐという正統性を示すために祖伝(そでん)を編纂(へんさん)していった。法然の没後三〇年に編纂され始め、それらが今に至る法然の伝記となっており、その集大成とされるのが、法然滅後一〇〇回忌を期して作成された『法然上人行状絵図（四十八巻伝）』である。

現代に受け継がれる浄土宗

これら諸派のなかでも勢力を伸長させたのが九州の福岡や熊本を中心に活躍した聖光である。聖光の流れは鎮西派と呼ばれるが、その教えを受けた良忠(りょうちゅう)は、関東、とくに鎌倉に拠点を移し急速にその教線(きょうせん)を広めた。とくにその教えが、法然に近侍(きんじ)したのち京に留まっていた源智の流れに正統と認められたことから大きく躍進。さらに良忠の六人の弟子たちがそれぞれ流派を立て、東北・関東一円と京都にも進出した。

一方、京都では証空が貴族出身だったためか流罪(るざい)を免れ、京都西山の往生院(おうじょういん)（現・三鈷寺(さんこじ)）を拠点に念仏を広めていた。証空はその拠点から西山(せいざん)上人と呼ばれ、その門流は西山派といわれる。やがてその弟子たちが流派を立て、のち、幾多の変遷を経て現在の西山浄土宗(せいざんじょうどしゅう)（総本山・

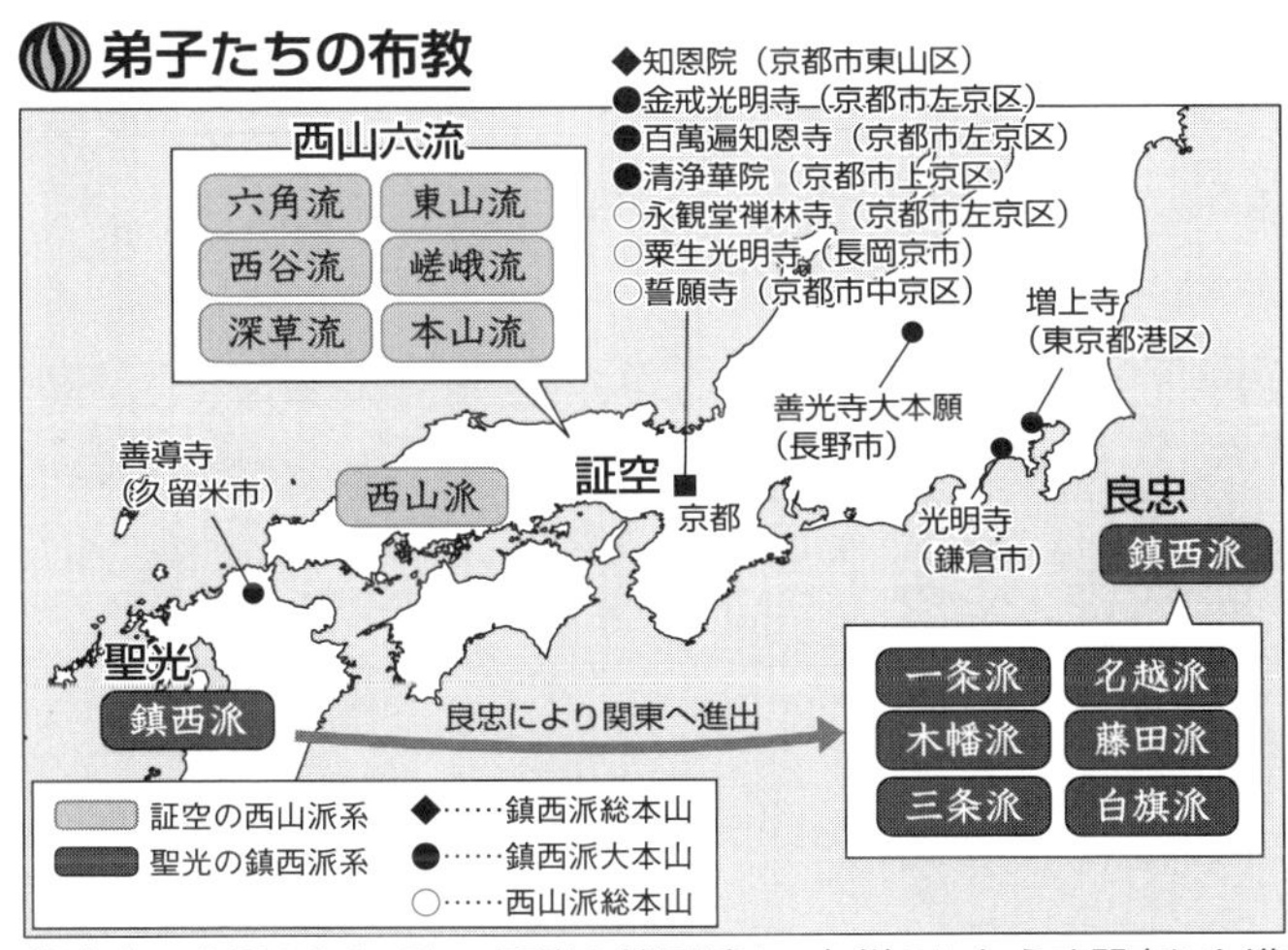

浄土宗の分派のなかでも、聖光の鎮西派は、九州のみならず関東にも進出し、浄土宗の主流派となっていく。

粟生光明寺）、浄土宗西山禅林寺派（総本山・禅林寺）、浄土宗西山深草派（総本山・誓願寺）の三派に至っている。

このように西山派が勢力を張っていた京都に進出した鎮西派の流れは、知恩院など、法然ゆかりの寺院と結びつき、次第に西山派を凌ぐ勢力となっていく。やがて室町時代に入ると、鎮西派の聖冏とその弟子の聖聡が、僧侶になるための統一した規格を伝宗伝戒として構築するなど、拡散した鎮西派をまとめることに成功する。江戸時代には芝の増上寺が徳川将軍家の菩提寺となり、浄土宗は大きく発展。近代になっても教線は保持され、優れた仏教者を数多く輩出し仏教学や社会福祉の分野で大きな足跡を残している。

法然関連年表

年次	事績と出来事
一一三三（長承二）	勢至丸、美作国稲岡荘に、漆間時国の子として生まれる。
一一四一（保延七）	勢至丸の父時国、稲岡荘の預所・源内武者定明の夜襲を受けて負傷。ほどなく没する。勢至丸、父の遺言により那岐山菩提寺の観覚のもとに預けられる。
一一四五（天養二）	春、勢至丸、比叡山に登り西塔北谷の源光に師事する。（一一四七年とする説もあり）
一一四七（久安三）	四月、勢至丸、東塔西谷の皇円のもとに入室、十一月、受戒する。
一一四八（久安四）	春、皇円の勧めにより、天台三大部を学び始める。
一一五〇（久安六）	九月、勢至丸、西塔黒谷の慈眼房叡空に師事し、法然房源空と名付けられる。
一一五六（保元元）	法然、比叡山を一時下山し、嵯峨清涼寺の釈迦堂に参籠する。またこの年、南都諸宗の碩学を訪ねる。

年次	出来事
一一五六（保元元）	七月、保元の乱が勃発する。

一一五七(保元二)	信空、叡空の弟子となる。
一一七一(承安元)	感西、法然の弟子となる。
一一七五(承安五)	法然、専修念仏に帰依し、西塔黒谷を出て西山広谷へ移る。
	法然、円照との交流ののち、東山大谷へと移る。
一一八六(文治二)	秋、大原勝林院にて大原談義が行なわれる。(一一八九年説もあり)
一一八九(文治五)	八月、法然、九条兼実に法文および往生業を語り、戒を授ける。
一一九〇(文治六)	二月、法然、東大寺大勧進・俊乗房重源の要請を受け、東大寺で「浄土三部経」の講説を行なう。
一一九四(建久五)	法然、中原師秀に五十日間にわたる逆修説法を行なう。
一一九八(建久九)	法然、病臥し、四月に「没後遺誡」を認める。またこの年、九条兼実の要請を受けて『選択本願念仏集』を撰述する。
一二〇二(建仁二)	正月、九条兼実、法然を戒師として出家する。
一二〇四(元久元)	十月、延暦寺衆徒、専修念仏の停止を天台座主真性

一一五九(平治元)	十二月、平治の乱が勃発する。
一一六四(長寛二)	九月、平氏一門、法華経を書写し安芸国厳島神社に奉納する(平家納経)。
一一六七(仁安二)	二月、平清盛、太政大臣となる。
一一八〇(治承四)	八月、源頼朝、伊豆国にて挙兵する。 十二月、平重衡、南都を焼き討ちし、東大寺・興福寺などを焼く。
一一八一(養和元)	国中に飢饉が起こる(養和の飢饉)。
一一八三(寿永二)	七月、木曾義仲の軍、京都に入る。
一一八五(寿永四)	三月、壇ノ浦にて平氏滅亡する。 八月、東大寺にて大仏開眼供養が行なわれる。
一一九二(建久三)	三月、後白河法皇、没する。 七月、源頼朝、征夷大将軍に就任する。
一一九四(建久五)	七月、延暦寺衆徒の訴えにより、栄西が禅宗の布教を停止させられる。
一一九九(正治元)	正月、征夷大将軍源頼朝、没する。

年次	事績と出来事
	に訴える。十一月、法然、「七箇条制誡」を作成し門弟に署名させるとともに、「起請文」を天台座主に送る。
一二〇六（元久三／建永元）	二月、院宣により行空と遵西が捕らえられる。 七月、法然、東山大谷から九条兼実の別邸小松殿へ移る。 十二月、安楽・住蓮が行なっていた六時礼讃において、後鳥羽上皇の女官が出家する。
一二〇七（建永二）	二月、専修念仏を停止及び、法然の土佐国流罪が決定する。 三月、法然、摂津国経ヶ島、播磨国室の泊、塩飽諸島を経て、四月、讃岐国小松庄へ至る。 四月、九条兼実没する。 十二月、勅免の宣旨が下り、摂津国勝尾寺に移る。
一二一一（建暦元）	十一月、法然、後鳥羽上皇より帰洛を赦され、東山大谷へと戻る。
一二一二（建暦二）	正月二十五日、法然入滅する。

年次	出来事
一二〇五（元久二）	三月、藤原定家ら、『新古今和歌集』を撰進する。
一二一二（建暦二）	鴨長明、『方丈記』を著わす。

参考文献

●左記の文献等を参考にさせていただきました。

『法然』大橋俊雄、『鎌倉仏教』田中久夫、『道長と宮廷社会—日本の歴史06—』大津透、『頼朝の天下草創—日本の歴史09—』山本幸司（以上、講談社）／『比叡山—日本仏教の母山—』比叡山延暦寺監修、『往生要集—日本浄土教の夜明け』石田瑞麿訳（以上、平凡社）／『源平の争乱—戦争の日本史6—』上杉和彦、『仏と女（中世を考える）』西口順子編（以上、吉川弘文館）／『鎌倉佛教—親鸞と道元と日蓮』戸頃重基、『法然讃歌—生きるための念仏』寺内大吉（以上、中央公論新社）／『うちのお寺は浄土宗（わが家の宗教を知るシリーズ）』藤井正雄（双葉社）／『高僧伝（5）法然 ひとすじの道』藤井正雄（集英社）／『浄土の本—極楽の彼岸へ誘う 阿弥陀如来の秘力』（学習研究社）／『岡山県の歴史（県史）』藤井学、竹林栄一、前田昌義、狩野久、倉地克直（山川出版社）／『浄土宗の常識』袖山栄輝、林田康順、小村正孝（朱鷺書房）／『図解雑学 法然』山本博子著・伊藤唯真監修（ナツメ社）／『目で見る・わかる「般若心経」の世界』西条慎之介（オーエス出版社）／『選択本願念仏集—法然の教え』阿満利麿（角川学芸出版）／『一紙小消息のこころ（知恩院浄土宗学研究所シリーズ）』藤堂恭俊（東方出版）／『誰でもわかる浄土三部経』加藤智見（大法輪閣）／『法然の手紙—愛といたわりの言葉』石丸晶子（人文書院）／『なむブックス⑬〈私〉をみつめて—法然さまのやさしい教え—』林田康順（浄土宗出版）／『TU選書7 浄土教の世界』林田康順編著（大正大学）

本書は小社より刊行された『図説 あらすじでわかる! 法然と極楽浄土』(二〇一一年)、を加筆修正の上、再編集したものです。

監修者紹介

林田 康順　１９６５年横浜市生まれ。慶應義塾大学法学部卒業。大正大学大学院博士課程単位取得満期退学。現在、大正大学教授、大正大学綜合仏教研究所所長、浄土学研究会理事長、記主禅師研究所所長、浄土宗教学院副理事長、大本山増上寺伝宗伝戒道場・璽書伝授道場教誡師、慶岸寺住職など。『なむブックス⑬〈私〉をみつめて―法然さまのやさしい教え―』（浄土宗出版室）、『浄土宗の常識』（朱鷺書房、共著）など、著書・論文多数。

図説(ずせつ) ここが知(し)りたかった！
法然(ほうねん)と極楽浄土(ごくらくじょうど)

2024年4月20日　第１刷

監修者　林田康順(はやしだこうじゅん)
発行者　小澤源太郎

責任編集　株式会社 プライム涌光
電話　編集部　03(3203)2850

発行所　株式会社 青春出版社
東京都新宿区若松町12番１号 〒162-0056
振替番号　00190-7-98602
電話　営業部　03(3207)1916

印刷　共同印刷　　製本　フォーネット社

万一、落丁、乱丁がありました節は、お取りかえします。

ISBN978-4-413-23352-1 C0015